目指せ！稼げるプログラマー

金宏和實
Kazumi Kanehiro

日経BP

はじめに

"一人前"のPythonプログラマーになるために

　この本は、「Pythonの入門書は読んだことはあるから、解説記事に書いてあることはわかるのだけど、自分で考えてプログラムを作ることはできない」という悩みを持っている人に読んでほしい本です。私は本業のシステム開発のかたわら、さまざまなセミナーや出張授業でプログラミングを教えています。その中で、教われば教わったことはできる、説明されたことはわかる、でも、自分でサンプルプログラム以上のプログラムを作ってみようとすると、どうすれば良いのかわからず困ってしまうという人を多く見かけます。実際、「自分の業務に役立てようとすると、どうプログラミングしていいのかがわからない」と相談されたこともあります。

　私自身、かつてはプログラミングはある程度、切羽詰まった状況に追い込まれ、お尻に火が付いたようになったところで、自分で苦しみながら身に付けるしかないものと考えていました。つまり、社会人が新しい言語でプログラミングをできるようになるには入門書を何冊か読んだら、あとは仕事の現場で納期に追われながらギリギリのところで自分に必要なものを身に付けていくしかない。あるいは学生なら、授業で勉強したことを競技プログラミング大会でアセアセしながら身に付けるしかないものと考えていました。結局はそれが、プログラミングの力を伸ばす最も効率的なやり方だと思っていたのです。

　動画でわかりやすくプログラミングが学べたり、生成AIがあっという間にサンプルプログラムを作ってくれたりするようになった現在でも、プログラミングの学習というものはタイパ、つまりタイムパフォーマンスの悪いものです。もちろん、誰かに教わったプログラムをその通りに作ったり、ちょっとだけ変更して実行したりといった程度なら、それほど難しいものではありません。でも、どんな要求に対しても「それ、Pythonで実現可能ですね」と言えるかというと、それはなかなか道

のりは遠そうです。そんな風に自信を持ってさらっと答えられるようになる近道はあるのだろうか……。

　野球選手であれば、ルールや理論を学んでフォームを固めるだけでは実戦で活躍できません。どれだけピッチングマシン相手に練習しても、ピッチャーの投げるボールをバットで打つ練習も必要でしょう。実戦で力を試すことも重要です。そして、バットをボール当てる技術を身に付けるだけでなく、打球を遠くに飛ばせるようになるにはどうしたら良いのか、常に考え続ける必要もあります。

　プログラミングに話を戻せば、入門書を読み終えたのは、野球でいうと「ルールや理論を学んで、こういうフォームで投げたり打ったりする」ことを学んだ段階です。実戦で活躍するには、それより一段上に行く知識が必要となります。プログラミングにあたって発生する問題に臆せず対処できるようになるには、エラーやログを自分で調べる姿勢、というか心構えが必要でしょう。どんな要求にも応じられるようになるには、プログラムのロジックを考える体験を経て、自分で考えていけるぞという確信を持てるようになることが大事になります。

　「入門書はマスターしたけれど……」とその先へ進む道を見失ってしまっている初心者プログラマーに、ぜひ次の一歩を踏み出すお手伝いをしたいと考えて本書を書きました。その一歩が実現できたら、あとはぐんぐん伸びていけるはず。Pythonでプログラミングに入門した皆さんに"脱初心者"してもらい、「アイツ、できるぞ」と周りから一目置かれるようなプログラマーになってほしいという願いを込めた一冊です。

　ぜひ、本書で現場の業務にも役立てることのできる"稼げる"スキルを身に付けてください。どうぞ、よろしくお願いいたします。

2024年3月

金宏 和實

登 場 人 物

本書は、中堅のシステム開発会社であるQueenMethod社（略称QM。キューエムと読む）を舞台に、新卒で入社した二人の新入社員が、レジェンド級エンジニアの先輩社員と、彼らを温かく見守る研修担当者の力を借りながら、プログラミングについて研修で教わったことのうえに、"脱初心者"に必須、かつ現場で役立つ知識やスキルを積み重ねていくのに合わせて、実践的なプログラミングについて解説します。

QM社では新型コロナの影響が大きかった時期はほぼ全員が在宅勤務でしたが、今はフリーアドレスのオフィスにもだいぶ社員が戻ってきたような状況です。そんなQM社から本書に登場してくれるのは、次の4人です。

新入社員の新田（ニッタ）くん

H大経済学部卒の新入社員。明るい性格で物怖じしない。相手がレジェンド級エンジニアだろうが、気にせず話しかけられる。プログラミングはほぼ初めてだが、「何だか面白そう！」とすっかりやる気になっているところ

新入社員の荒田（アラタ）くん

同じくH大文学部卒。ちょっと引っ込み思案で、何かと遠慮がち。でも、同じ大学出身ということもあり、新田くんとは馬が合うようで、何かと行動を共にしている。研修を受けるだけでなく、さらに上のレベルでモノにしたいという意欲を静かに持っている

先輩の竜崎（タツザキ）主任

アラフォーの37歳。大手通販サイトや宅配便のシステム開発などの難局をいくつも乗り越えてきた、QM社伝説のシステムエンジニア。でも人当たりが悪く、人付き合いが苦手なせいで、いつまで経っても主任のままともっぱらの噂。いつも一人で行動しており、常に仏頂面。話しかけるのがはばかられるイメージ

研修講師の高島（タカシマ）さん

竜崎さんの後輩エンジニア。集合研修の講師という立場ながら、新田くんと荒田くんがプログラミング未経験にもかかわらず熱心に取り組み、メキメキと力を付けているのに気が付いており、感心しているもよう

Contents 目次

Chapter **1**

エラーの"真意"を理解する 13

Chapter **5**

Pythonらしいコード
らしくないコード…………………………………… 137

サンプルファイルのダウンロード

　本書で紹介しているプログラムの一部は、本書のWebページからダウンロードしていただけます。

https://nkbp.jp/070886

を開き、「お知らせ・訂正・ダウンロード」欄にある「サンプルプログラムのダウンロード」のリンクをクリックしてください。開いたページにダウンロードに関する説明があります。それに従ってダウンロードしてください。

※ ファイルのダウンロードには日経ID および日経BP ブックス＆テキストOnline
　ダウンロードサービスへの登録が必要になります（いずれも登録は無料）。

　ダウンロードしたファイルはZIP 形式になっています。収録しているファイルについては、ZIPファイルを展開して取り出せる「はじめにお読みください.txt」をご覧ください。

エラーの"真意"を
理解する

システム開発を手がけるQueenMethod社に就職したばかりの新田くん
と荒田くん。二人はともに文系の学部出身で、プログラミングはほぼ初めて。
QueenMethod社はそんな未経験の新人にもしっかりとした研修プログラムを
用意してくれていますが、それだけでは二人には足りません。でも、他の理系出
身や院卒の、エリート然としている新入社員に負けるものかとやる気だけはある
新田くんも引っ張られ、はじめのうちは「俺、この会社でやって行けるのかなあ
……」と不安そうだった荒田くんも、その不安をエネルギーに変換し、今日も二
人並んでフリースペースの一角に陣取り、ノートパソコンを並べて研修で教わっ
たことの振り返りをしています。今日の研修は、ループ（繰り返し）処理がテー
マでした。どんな内容だったか、ちょっと見せてもらいましょう。

Pythonではfor文もしくはwhile文を使ってループ処理を作成します。

図1-1
for in文の構文

```
for 変数 in イテラブルオブジェクト:
├──▶ 命令1
├──▶ 命令2
```

　イテラブルオブジェクトとは、複数の要素から1回に一つの要素を順次返すオブ
ジェクトです。イテラブルオブジェクトに要素がある限り、for文の中のインデント
されたブロックのコードを繰り返します。ループ処理のサンプルを見てみましょう。

コード1-1　ループ処理のプログラム例

```
01  for i in range(12):
02      print(i+1,"月です")
```

　これは簡単な繰り返しを行うコードです。rangeオブジェクトに引数を一つ指定
すると0から始まる値を引数の回数分返します。つまり、range(12)は

```
0,1,2,3,4,5,6,7,8,9,10,11
```

を、ループを繰り返すごとに順に返します。ループ内の処理として、その値に1を足して出力しています。このプログラムを実行してみます。

図1-2
コード1-1の実行結果

　12回print関数が繰り返し実行されて、「1月です」から「12月です」まで、12カ月分のメッセージが出力されました。
　もうひとつの繰り返しを行う構文がwhile文です。

図1-3
while文の構文

```
while 条件式：
  ├──→ 命令1
  ├──→ 命令2
```

　whileは条件が成り立つ間、while文の中のインデントされたブロックのコードを繰り返します。条件はwhileに続けて記述します。

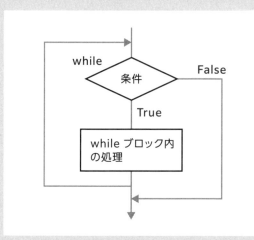

図1-4
while 文のフロー

「条件が成り立つ」とは、条件式の演算結果が真 (True) であることを指します。

新田　でもさ、おかしいんだよ。ループ処理の復習をしててさ。0.1を while
　　　ループの中で足し続けて、1になったらループを抜けて終わるコードを
　　　書いたのよ。でもさ、無限ループになっちゃって終わらないのよ。VS
　　　Codeだから、停止ボタンで止めれるからいいんだけど

荒田　ちょっとコードを見せてみてよ

コード1-2　新田くんが復習のために書いた while ループのコード

```
01   sum_x = 0
02   x = 0.1
03
04   while sum_x != 1:
05       sum_x += x
06
07
08   print("end",sum_x)
```

新田くんのVisual Studio Code（VS Code）の編集画面にはこんなコード
が書いてありました。

　荒田　ふーん、そんなにおかしいところはなさそうだけど……。じゃあ、僕も
　　　　ちょっと書いてみるよ

荒田くんも自分のノートパソコンにコードを打ち込んで試してみます。

　荒田　うん、何かうまくいったっぽいよ

01

02

03

04

05

06

07

エラーの"真意"を理解する

コード1-3　荒田くんが書いたwhileループのコード

```
01  sum_x = 0
02  x = 0.1
03
04  while sum_x <= 1:
05      sum_x += x
06
07
08  print("end",sum_x)
```

　荒田　こうして、比較演算子を!=（ノットイコール）じゃなくて、<=（以下）に
　　　　変更すればループを抜けるね。でも、endという文字列の後に出力し
　　　　ているsum_xの値がなんか大変な値になってるな……

end 1.0999999999999999

図1-5　コード1-2の実行結果

　荒田くんのVS Codeのターミナルを見ると、確かに1.09999……と表示され
ています。0から0.1を1回ずつ、sumが1になるまで足し、1を超えたらたし算
を終えて結果を表示する、というプログラムなので、ここは1.1になっているはず
です。

新田　おかしいよな。0.1を代入したxをsum_xに足していっているだけなのに。誰かその辺にいる先輩に聞いてみようか。あの人なんかどうだ。一人でパソコンをにらめっこしているおじさん。実は暇なんじゃないか

荒田　バカ！ あの人は竜崎さんっていって、うちの会社のレジェンドらしいぞ。恐れ多いよ

　ひそひそというには大きすぎる二人の声が耳に入ったのか、「何か用か」と竜崎さんが振り向き、不機嫌そうに鋭い視線を投げかけてきます。
　二人は竜崎さんの視線をかわすように、同時に頭を下げました。

新田 荒田　す、すいません……

竜崎　何を謝っているんだ。何か聞きたいことがあるんだろう？ だったら早く聞いてくれ

新田　はいー！ 0.1をWhileループの中で足して、1になったらループを抜けるプログラムを作っているのですが、うまく行かないんです。どうしてでしょうか？

竜崎　コンピュータでは数値や文字がすべて0と1の二進数で表現されていることは新人研修で習ったよな

新田　はい。教えてもらいました。でもそれと0.1を十回たしたら1にならないことに何か関係があるのですか？

竜崎　そうか、そこがイメージできないのか」

　竜崎さんはしばらく言葉に詰まってしまいました。

荒田　すいません。僕たち文系学部の出身なので何か基礎をわかっていないのかもしれません

竜崎　うん、うちの研修プログラムに問題があるのかしれないが、0.1の二進数表現ぐらい生成AIに聞いたらどうだ

荒田　えっ、竜崎さんって、生成AIオッケー派ですか！

竜崎　あたりまえだろう。便利なものを作る仕事なのに、便利なものを使わ

なくてどうする

新田 生成AIには聞いてみました。十進数で有限の桁数で表現される0.1は二進数に変換すると循環小数になると答えてくれました。

竜崎 循環小数はわかるか?

新田 次の解説が表示されました。「0.1の二進数表現は0.0001100110011……(以降繰り返し)」と書いてあります

竜崎 そうだな。途中から同じパターンを繰り返すんだ。二進数では十進0.1の近似値しか表現できないわけだ

荒田 えぇ、そうなんですか

竜崎 ……

荒田 (なんか今、「マジかよ」って聞こえたような……。俺たち呆れられたようだ)

竜崎 ……わかったよ。仕事は後にして付き合うよ

と、竜崎はExcelで表を作成しながら説明を始めました。

竜崎 2^0を1とすると、2^1は2になる。2^2は4だな。これを「ウェイトをかける」と言うんだが、そうすると十進数の7は$2^2 + 2^1 + 2^0$で表現できる。だから、7は2進数で111と3桁で表せるといったように、有限の桁数で表現できている。ここまではいいよな? 次に、小数点以下の値を見ていくぞ

2の乗数	2^{-1}	2^{-2}	2^{-3}	2^{-4}	2^{-5}	2^{-6}
10進数	$\frac{1}{2}$	$\frac{1}{4}$	$\frac{1}{8}$	$\frac{1}{16}$	$\frac{1}{32}$	$\frac{1}{64}$
2進表現	0.1	0.01	0.001	0.0001	0.00001	0.000001

10進数の0.1は $2^{-4} + 2^{-5} + 2^{-8} + 2^{-9} + \cdots$ となっていく

図1-6 小数点以下の数を2進数で示す

竜崎　2^{-1} は $\frac{1}{2}$（0.5）、2^{-2} は $\frac{1}{4}$（0.25）、2^{-3} は $\frac{1}{8}$（0.125）と続く。とすると10進数の0.1は $2^{-4}+2^{-5}$ と来て、この時点で $\frac{1}{16}+\frac{1}{32}$ だから通分すると $\frac{3}{32}$ だな。まだ0.1に足りないから、これに 2^{-6} を足すと $\frac{3}{32}+\frac{1}{64}$。だが、これは $\frac{7}{64}$ になるから0.1を超えてしまう。2^{-6} ではなく 2^{-7} にしても、$\frac{3}{32}+\frac{1}{128}$ だから、通分すると $\frac{13}{123}$ で少し0.1を超えるだろう。だから二つ飛ばして $2^{-4}+2^{-5}+2^{-8}+2^{-9}$ となっていくという計算になる。これを二進数で表現してみると……

荒田　2^{-4} が最初で次が2-5だから、0.00011。その次が二つ飛ばして 2^{-8} と 2^{-9} だから、0.000110011

新田　でも、まだ0.1にはならないからもっと足すと……。やっぱり二つ飛ばして 2^{-12} と 2^{-13}。ってことは……

荒田　あっ、また0011か！

竜崎　もう、自分で考えられるだろう

新田　ありがとうございました。またわからないことがあったら、お聞きしても良いですか？

竜崎　でもまずChatGPTにでも聞いてくれよ。それでもわからないときには……まあいいぞ（ぼそっ）

と言うか言わないかのうちに、竜崎さんはもうキーボードを打ち始め、すぐに自分の仕事に没頭してしまいました。もう話しかけられる雰囲気ではありません。

論理エラー

新入社員の新田くんと荒田くんが起こしたエラーは、論理エラー（Logic error）です。エラーは大きく、この論理エラーと文法エラー、実行時エラーの3種類に分けられます。

プログラミングの勉強の過程でエラーを起こすことは、とても良いことです。多くの場合、そこからプログラミングへの理解が深まるからです。私自身もこれまで多くの"新人"を育ててきましたが、エラーを起こさないようにお手本をソォーっと丸写ししてばかりいると、なかなか初心者から抜け出せないようです。でも、新田くんと荒田くんが顧客のためにプログラムを作るようになったらエラーを起こすプログラムを作ってはいけません。エラーを起こさないようにするには、まず、どんなときにどんなエラーが発生するのかを知ることが大切です。だから勉強中はエラーを起こしていいのです。

本章では、そうしたエラーがなぜ起きるのか、どうエラーを見つけ、どうプログラムの修正に役立てていくかについて考えていきます。まずは論理エラーから見ていきましょう。論理エラーは複雑なロジック（Logic）をコーディングしているときに起こしがちで、エラーがあってもパソコンがエラーメッセージで知らせてくれることもないため、エラーの中でも最もやっかいなものと言えます。

コンピュータは 0.1 を扱えない

今回のエラーはプログラマーとして必要なITリテラシーがあれば避けられるものです。ご存じのようにPythonを始めとする多くのプログラミング言語では小数点以下を含む数値は浮動小数点数（float）型で表現しますが、float型で小数点以下の値を扱うとどうしても誤差が生じてしまいます。

荒田くんのプログラムに手を加えて、処理の過程が見えるようにしてみました。

```
01    sum_x = 0
02    x = 0.1
03    while sum_x <= 1:
04        sum_x += x
05        print(sum_x)#追加
06    print("end",sum_x)
```

　xの値が1以下だったら、whileループの中の処理を繰り返すコードです。コード1-2に1行コードを追加して、ループ内の処理中にprint関数でsum_xの値を出力するようにしました。これを実行すると、次のような結果になりました。

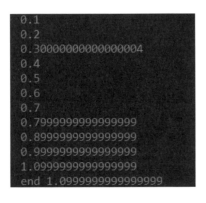

図1-7
ループの処理中に途中段階の合計を表示するように出力

　出力してみると、0.2や0.4のようにキリの良い数値になっているときもあれば、0.3にならずに0.30000000000000004になったり、0.8にならずに0.7999999999999999になったりといったように端数が続くときがあります。どうしてこうなるかというと、コンピュータで小数を表す浮動小数点数の仕組みと関係があります。

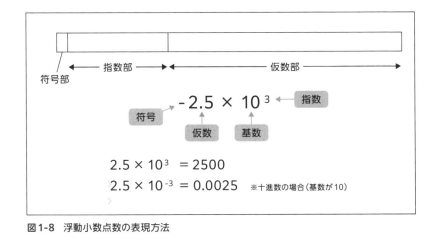

図1-8　浮動小数点数の表現方法

　浮動小数点数では、このように仮数と指数を使うことで、小数点の位置をフロート（浮動）にして大きい数や私たちが日常使う数値に比べると極端に小さな数を無駄なく扱えるようにしています。

　そして竜崎さんが説明してくれたように、コンピュータでは最小記憶単位1ビットで0と1の二つの状態を扱えるので、二進数で数値を表現します。もちろん数値だけでなくコンピュータの扱う情報はすべて0と1の二つの値の並びでしかありません。

　十進数の0.1というスッキリした数値が二進数では0.0001100110011001……のような循環小数というモヤモヤしたものになってしまいます。

　そのことを確認するため

```
print(format(0.1, '.20f'))
```

のように、小数点以下の桁数を20桁に指定して0.1を出力してみます。

```
0.10000000000000000555
```

図1-9 小数点以下の桁数を20桁に指定して0.1を
print関数で出力したところ

　数値の0.1をそのまま出力したはずなのに、このような出力になってしまいます。だから、コンピュータに数を扱わせる場合は、十進数で考えて0.1 + 0.1 + 0.1 + 0.1 + 0.1 + 0.1 + 0.1 + 0.1 + 0.1 + 0.1が1であると想定してはいけないのです

条件の作成ミスも論理エラーになる

　もっと単純な論理エラーを紹介しましょう。次のプログラムはwhileループの中でprint関数で変数iの値を出力するプログラムですが、実行してもiの値は一度も出力されません。

```
01  i = 10
02  while i < 0:
03      i -= 1
04      print(i)
```

　これは、whileの条件である

```
i < 0
```

が間違っているからです。1行目でiの初期値を10にしているので、2行目の「iは0より小さい」は最初から成り立ちませんね。だから、whileループの中の処理は1回も実行されません。
　条件式を

```
01   i = 10
02   while i > 0:
03       i -= 1
04       print(i)
```

のように「iが0より大きい」に修正すると、iの値を10回出力して終了ます。

　ここまで読んできて、「自分はこんな単純なミスはしないよ」と思う人がいる
かもしれません。しかし、わざとミスする人はいません。プログラムが長く複雑
になってくると、このような不等号の向きを筆頭に、単純なミスが起こることは
少なからずあります。それが論理エラーを引き起こし、そして、それは意外と見
つけにくいエラーなのです。

文法エラー

　論理エラーに対して、文法エラー（Syntax error）や実行時エラー（Run-Time error）は明示的なエラーです。まず、文法エラーから見ていきましょう。

　Syntax errorは文法エラーや構文エラーと訳されます。つまり、プログラムの書き方を間違えているときに発生するエラーです。プログラミング言語が規定している文法を守っていないときに発生するエラーなので、文法エラーからは正しいプログラムコードの書き方が学べます。文法エラーのあるプログラムは実行できません。だから、必ず「どこかに文法エラーがある」ことはわかります。

　Pythonで最も多い文法エラーを見てみましょうか。次のようなプログラムを、そのまま実行したとします。

```
01   for i in range(5)
02       print(i)
```

　このプログラムは、for in 文の行末にコロン（:）を付け忘れています（1行目）。Pythonの入門書には必ず関数定義のdef文や条件分岐のif文やelse文、ループを作成するfor文やwhile文の行末にはコロン（:）が必要と書いてあるはずです。皆さんも読んだことと思いますし、このことはご存じでしょう。でも、実際にプログラミングしていると、思いのほか頻繁にコロンを付け忘れてしまうことに気付くと思います。

　このプログラムをそのまま実行してみました。すると

```
SyntaxError: expected ':'
```

というエラーメッセージが表示されます。

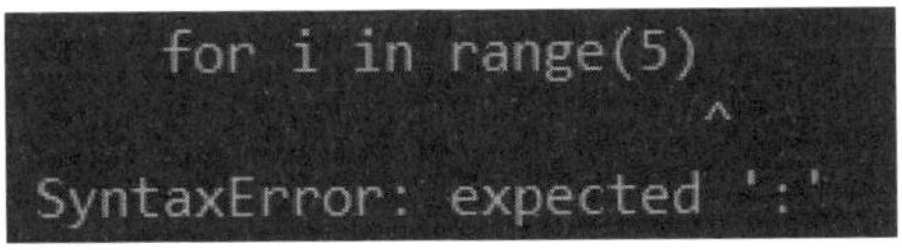

図1-10
for in文などに必要なコ
ロンを忘れているときのエ
ラーメッセージ

「コロンを忘れていますよ」とPythonが指摘してくれています。

インデントにかかわるエラーもありがち

それから、Pythonにはインデント（字下げ）が文法であるという特徴的な仕
様があります。次のコード

```
for i in range(5):
print(i)
```

のようにfor in文の中のインデントを忘れると（2行目）

```
IndentationError: expected an indented block after 'for'
statement
```

と表示されます。

図1-11 for in文の中をインデントしていないときのエラーメッセージ

このように、for文の後にはインデントされたブロックが必要だと指摘されま
す。ブロック（block）とは1行以上のコードのかたまりという意味です。
　ということは、次のような何も処理を記述せずに、コメントだけのループを作
ることはできないということです。

```
01   for i in range(100):
02       # do nothing
```

Python以外のプログラミング言語ではこのように、「ここではforループが必要になりそうだからとりあえずforループだけ書いておいて、中のブロックはあとで考えよう」といったように、プログラムの中で陣地取りをしておくようなコーディングをすることも多いのですが、その感覚のままPythonで関数や条件分岐、ループをコーディングするとエラーになってしまうのです。

ちなみに、Pythonにはそうしたときのために便利なpassという構文があります。たとえば

```
01   for i in range(5):
02       pass
```

のようにインデントした業でpassと書いておくと、for文、while文、if文などでも文法エラーになりません。

同じことをするのに、トリプルクォートで囲った文字列を書いておくという方法もあります。

```
01   for i in range(5):
02       '''
03           ここに○○を■■するコードを記述すること
04           忘れちゃダメ！
05       '''
```

こうしておくのも、あとでコードに書き換え忘れがないようにするよい方法かもしれません。

「Pythonではトリプルクォートでくくることで、複数行にわたるコメントを書くこともできます」と書いてある入門書を時折目にします。これが間違いであるとまでは言いませんが、正確ではありません。本来はトリプルクォートで括って複数行にわたる文字列を宣言しているのですが、コードの途中に文字列の宣言を

書いてもプログラムのほかの部分に影響がないので、コメントのように扱えるのです。次のプログラムを見てください。

```
01   for i in range(5):
02       str ='''
03           ここにコードを記述すること
04           忘れちゃダメ！
05       '''
```

このように変数に代入すると、文字列を宣言していることがわかりますね。

エラーの〝真意〟を理解する

実行時エラー

3番目は実行時エラー（Run-Time error）です。その典型的なものが、ある数を0で割ったときに発生するZeroDivisionErrorです。次のようなコードで発生します。

```
01   n = 10
02   x = 0
03   y = n / x
```

2行目でxに0を代入しますから、3行目では0で割るわり算をすることになってしまいます。このようにある数を0で割るコードを実行すると、ZeroDivisionErrorが発生します。

```
y = n / x
    ~~^~~
ZeroDivisionError: division by zero
```

図1-12 分母がゼロのわり算をするときに起きるZeroDivisionError

もちろん、わざわざ割る数に0を指定して計算を実行するプログラマーはいないでしょう。しかしながら、ある程度大きなプログラムになったとき、いくつもの計算を実装したことにより、条件次第で除数に用いる変数が0になってしまうというのを想定できないことはあり得ます。プログラミングしながら、すべての変数がどうなるかをそこまで把握できる人はそうそういないでしょう。その結果、プログラムを動かしてみたところ、ZeroDivisionErrorが発生してしまうというわけです。

ゼロでのわり算ができないということは、どんなプログラミング言語でも入

門書のけっこう前のほうで勉強することです。でも、実際のプログラム開発では
ついついやってしまうエラーです。

未定義の変数を使うとNameErrorに

こんな単純なエラーは、ほかにもあります。

```
01   print(a)
```

この1行だけを実行しようとすると、NameErrorが発生します。これは、変数
aを定義していないのに

```
print(a)
```

と、未定義の変数を使った処理を記述してしまったためです。

```
print(a)
        ^
NameError: name 'a' is not defined
```

図1-13　未定義の変数を出力しようとしたためにNameErrorが
　　　　　発生したところ

エラーメッセージにも「aという名前はまだ何とも定義されていない」と説明
があります。

もっとも、VS Codeなどの開発環境を使っていればほとんどの場合、リンター
（静的文法チェック機能）が働き、こうした未定義の変数があることを見つけて
くれます。表示されたコードの中にある未定義の変数の下に、波線などを引くと
いった形で教えてくれるので、NameErrorは実行前に見つけられることが多い
でしょう。

ZeroDivisionError、NameErrorと並んで、おそらく皆さんが目にすることが多いのが、TypeErrorです。たとえばこんなコードで発生します。

```
01   a = '5'
02   b = a + 5
```

変数にデータ型があることはすでにご存じでしょう。このコードでは、aという変数にクォートで囲んで文字としての5を代入したあと、変数aに数値の5を足そうとしています。これを実行するとTypeErrorになります。

```
  b = a + 5
      ~~^~~
TypeError: can only concatenate str (not "int") to str
```

図1-14　データ型に問題がある場合に発生するTypeError

もし、1行目をこのままで「5＋5」のたし算をするには、2行目で

```
b = int(a) + 5
```

のように、aの値をint関数で文字列から整数に変換する必要があります。逆にaとbを文字列として連結するには

```
b = a + str(5)
```

のように、数値をstr関数で文字列に変換したあとに「＋」で連結します。
　このように文字列と数値のたし算はエラーになりますが、文字列と整数のかけ算は可能です。たとえば

```
c = 'a' * 5
```

を実行すると変数cの値はaaaaaになります。これは覚えておきたい演算です。

ただし、かけ算が成立するのは、あくまで数値の側が整数の場合のみです。

```
c = 'a' * 5.2
```

のように文字列と浮動小数点数型のかけ算にしてしまうと、当然のごとく
TypeErrorになります。

メソッドにない属性を指定するとAttributeErrorに

さて、Run-Time errorはその名の通り実行時に発生するエラーです。ですか
ら、実行時エラーを知ることで、プログラムが正しく動作するための必要な環境
や条件を知ることができます。また、あらかじめ実行時エラーを想定しておき、
その発生に備えるコードをプログラムに追加することもできます。

```
01    import math
02
03    print(math.pi)
```

数学に使う関数が豊富に用意されているmathライブラリは標準ライブラリ
なので、インポートするだけで利用することができます。外部ライブラリの場合
はインストールが必要なのと異なる点です。

mathモジュールにはpiという名前で円周率が定義されているので

```
print(math.pi)
```

を実行すると3.141592653589793が出力されます。

このコードを記述する際、誤ってpiを大文字のPIに、つまり

```
print(math.PI)
```

と記述して実行すると AttributeError になります。

```
print(math.PI)
      ^^^^^^^
AttributeError: module 'math' has no attribute 'PI'. Did you mean: 'pi'?
```

図1-15 math モジュールには PI という属性が見つからないため AttributeError になる

　これは、math モジュールには PI という属性 (attribute) がないためです。

　エラーメッセージで「pi と間違っていないか?」と親切にアドバイスしてくれるのはありがたいのですが、少しモヤッとしませんか。だったら、文法エラーのときのようにエディタや開発環境の上でリンターなどが「PI はないよ」と教えてくれてもよさそうなものなのに……。

　そのモヤモヤを解決するために、次のコードを試してみましょう。

```
01   import math
02
03   math.PI = 3.14
04   print(math.PI)
```

　これを実行すると、3.14 と出力されます。Python のエラーメッセージの表現を借りて説明すると、属性 (attribute) は追加できるのです。このため、math モジュールに PI があるかないかは、そのときにより変わってくるので実行してみないとわからないわけです。

不適切なインデックスでリストを操作すると IndexError に

　次にやりがちな実行時エラーを見ていきましょう。

```
01    lst = ['MacOS','Windows','Linux']
02    print(lst[3])
```

このプログラムを実行すると、IndexErrorになります。

```
  print(lst[3])
        ~~~^^^
IndexError: list index out of range
```

図1-16 リストを操作しようとしたところでIndexErrorが発生

　エラーメッセージが、list index out of range（リストのインデックスが範囲外）とわかりやすいですね。リストの要素が3個なのに対して、4番目以降のインデックスを指定してリストを操作しようとしたために「範囲外」と言われてしまいました。Pythonでは、他の多くのプログラミング言語同様にインデックス番号は0から始まります。なので、このコードで3番目の要素を出力しようと思ったら、2行目は

```
print(lst[2])
```

としなければなりません。

辞書にないキーを指定するとKeyErrorに

　次にディクショナリー（辞書）を見ていきましょう。ディクショナリーを操作するときにも、実行時エラーはあり得ます。

　Pythonのディクショナリーは他のプログラミング言語では、連想配列やキーバリューペアと呼ばれるデータ構造に似ています。キー（key）と値（value）をペアで記憶し、キーで値にアクセスできます。次のプログラムを実行するとどうなるでしょうか。

エラーの〝真意〟を理解する

```
01  dict = {'x':10,'y':20}
02  print(dict['x'])
03  print(dict['y'])
04  print(dict['z'])
```

このプログラムでは、辞書dictには文字列xをキーとする値10と、yをキーとする値20があります。だから

```
print(dict['x'])
```

は10を出力し、

```
print(dict['y'])
```

は20を出力します（2行目）。ところが4行目の

```
print(dict['z'])
```

に処理が移ると、文字列zはキーにはないのでKeyErrorになります。これも実行時エラーです。

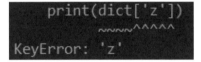

図1-17
辞書にないキーを指定した
ときはKeyErrorに

ただし、このKeyErrorはコードの書き方次第で回避できます。辞書にはget()メソッドがあるので、プログラムを次のように書き換えてみます。

```
01  dict = {'x':10,'y':20}
02  print(dict.get('x'))
03  print(dict.get('y'))
```

```
04  print(dict.get('z'))
```

get()メソッドは指定したキーが存在しないときは、Noneを返します。エラーではないので、プログラムが止まることはありません。

図1-18
get()メソッドを使えば、
存在しないキーを指定して
もNoneが返ってくるだけ
でエラーにはならない

KeyErrorが発生することが予想される状況ではget()メソッドを使用すると良いでしょう。ちなみに辞書に存在するキーは次のようにkeys()メソッドで取得可能です。前のプログラムと同じ辞書dictに対して

```
for key in dict.keys():
    print(key)
```

を実行すると、

```
x
y
```

と出力されました。これでプログラム的にキー一覧が取得できるようになります。

例外処理で実行時エラーでもプログラムを継続

実行時エラーは、プログラムやデータの状態によって、どうしても避けられないことがあります。そうしたエラーの発生をあらかじめ予測し、プログラムをエラーにより途中で止めないようにすることができます。それを例外処理と言い

ます。

例外処理のサンプルプログラムのために、Pythonによるファイル処理について説明します。

テキストファイルやCSVファイル、JSONファイルの読み書きはPythonのプログラムでよく作成する処理です。

次のプログラムはプログラムと同じフォルダにあるsample_01.txtというテキストファイルをr（読み込みモード）でopen（開く）して、ファイルオブジェクトを変数fで扱えるようにしたうえで、readline()メソッドで1行ずつ読み込み、標準出力である画面に出力するコードです。withを記述してopenすると、ファイルを閉じるclose操作を省略できます。

```
01  with open("sample_01.txt","r") as f:
02      #一行ずつ読み込む
03      line = f.readline()
04      while line:
05          print(line,end="")
06          line = f.readline()
```

このプログラムを実行したとき、プログラムと同じ階層（フォルダ）にファイルsample_01.txtが存在すれば、ファイルに入力してある文字列が出力されます。

図1-19
想定通りにファイルを読み込めた場合の出力

ただし、対象のファイルが存在しないと、FileNotFoundErrorになります。

```
    with open("sample_01.txt","r") as  f:
         ^^^^^^^^^^^^^^^^^^^^^^^^^^^^^
FileNotFoundError: [Errno 2] No such file or directory: 'sample_01.txt'
```
図1-20 プログラムで指定したファイルが見つからなかった場合に出るFileNotFoundError

そんなファイルはないぞとエラー出力されているわけです。

プログラムを自分で実行しているならば「おっとファイルをコピーし忘れた。コピーして、もう一回実行しよう」で済む話なのですが、竜崎さん（そしていずれは新田くんや荒太くんも）のように自分の作ったプログラムを誰か他の人に使ってもらう立場で考えましょう。

目的のファイルが存在しなかったら「作ってもらったプログラムを実行したら、英語で難しいメッセージが出てきて実行できない」という連絡が入ることでしょう。それにいちいち対応しなくてはなりません。毎回毎回、「sample01.txtをプログラムと同じフォルダに入れていますか？」と聞いて、ファイルがなかったらコピーするよう伝える必要があるわけですね。

そこで、FileNotFounErrorが出ても、プログラムのユーザーが自分でファイルが存在しないことがエラーの原因だと気付くことができるように、例外処理を用意しておきます。実行時エラーの多くはexception（例外）として分類できるので、エラーつまり例外が発生したときに実行するコードを用意しておくことができます。

例外処理をしたプログラムを見てください。

```
01  filename = "sample_01.txt"
02  try:
03      with open(filename,"r") as  f:
04          #一行ずつ読み込む
05          line = f.readline()
06          while line:
07              print(line,end="")
08              line = f.readline()
09  except FileNotFoundError:
10      print(filename + "が存在しません")
```

改修後のポイントは、2行目のtryと9行目のexceptです。Pythonでは例外処理はtryとexceptを使って記述します。例外が発生すると予想されるコードの前にtryを書き、対象のコードはtryの配下になるようインデントを下げます。

エラーの〝真意〟を理解する

一方、exceptで想定する例外を捕まえます。9行目の

```
except FileNotFoundError:
```

に続くコードは、FileNotFoundErrorが発生したときにだけ実行されます。
　エラーに対応したプログラムを、sample_01.txtファイルがない状態で実行すると、表示されるメッセージが変わりました。

`sample_01.txtが存在しません`

図1-21　例外処理が動作したときのメッセージ

　エラーになること自体は避けられませんが、プログラムの利用者にとって少しわかりやすく実行時エラーの内容を伝えることができるようになりました。ここではFileNotFoundErrorのみを例外処理の対象にしていますが、例外をキャッチするexcept文は発生する例外の種類に合わせて複数記述することができます。

　新田くんと荒田くんは論理エラー（Logic error）と文法エラー（Syntax error）、そして実行時エラー（Run-Time error）という3種類のエラーがあることを知り、try、exceptで例外処理を作りエラーに対処する方法を学びました。

　新田　なるほど、実際にエラーを起こしてみると勉強になるんだなあ
　荒田　避け方や対処法がわかれば、エラーはこわくなくなるね

　さてさて、二人のプログラミングの勉強はこれからどうなるのでしょうか。

メモリ上のデータは
何かを理解する

新田くんと荒田くんは今日も新人研修で一日を終えました。でもすぐには引き上げず、ノートパソコンを開いたまま、引き続き研修内容を復習しています。

　二人は文系の学部出身なので、理系出身や院卒の新入社員が多い中で少々引け目を感じていますが、遅れを取らないように定時では退社せず、二人でわからないことを解決しようとしています。

　けなげな二人なんですが、前にも二人を助けてくれた竜崎さんは、まだ彼らを応援してくれるのでしょうか……。

新田　これおかしいんだよ、荒田。lst_aって変数に [1,2,3,4,5] というリストを入れるだろ。そして、変数 lst_b に変数 lst_a を代入する。次に lst_b の最初の要素を10に変更しようとしてるんだけど……

荒田　うん、今日勉強したリスト (list) だね。Pythonのリストは [と] で囲んで、要素を , (カンマ) で区切る。ほかのプログラム言語では配列と呼ばれたりするというやつだね。リストはミュータブルだから変更できるわけだ

新田　そう、それに対して、(と) で囲むタプルはイミュータブルだから変更できない。いや、いや、いや、いったい誰に今日の研修内容をあらためて説明しているんだい?

荒田　f 文字列を使うと、{ } の中に変数を埋め込んで展開できる、も習ったね

新田　それをまとめたコードがこれなんだけど……

コード 2-1　本日の復習用コード

```
01  lst_a = [1,2,3,4,5]
02  lst_b = lst_a
03
04  lst_b[0] = 10
05
06  print(f"lst_bは{lst_b}")
07  print(f"lst_aは{lst_a}")
```

新田　lst_bの最初の要素だけを10に変更しているのに、print関数でlst_aを出力すると、lst_aもやっぱり最初の要素が10になっているんだ。変更したのはlst_bのほうなのにおかしいだろう！

```
lst_bは[10, 2, 3, 4, 5]
lst_aは[10, 2, 3, 4, 5]
```

図2-1　コード2-1を実行したところ。書き換えたのはlst_b（上）なのに、lst_a（下）の要素も書き換わってしまっている

荒田　また竜崎さんに教えてもらおうか。今日もきっといつもと同じ場所にいるよ。オフィスはフリーアドレスですってことになってるけど、何だかんだ皆さんだいたい決まって同じような席にいる感じだよね

新田　竜崎さんは特別だよ。指定席みたいなもんだ

荒田　先に生成AIに聞かなくていいのかなあ

新田　どんな風に生成AIに聞けばいいかわからないもん。行ってくるよ

新田　竜崎さん、ちょっといいですか。どうやってもおかしいんです。リストをコピーしたあと、コピー先のリストで最初の要素を変更したら、コピー元のほうも最初の要素の値が変わっているんです

画面をのぞき込んで竜崎さんが新田くんに質問します。

竜崎　これのどこに問題が？

荒田　（やべっ、新田のやつ、また叱られているよ）

竜崎　C言語は知っているか？

新田　なんすか、それ

荒田　（あっ、竜崎さん、またフッと笑った。俺たちもうバカだと思われているぞ）

竜崎　C言語だとStack（スタック）とHeap（ヒープ）の話をしてしまえばわかりやすいのだが……。でもまあPythonも考え方としては同じだ

から、メモリの中のデータがどのように扱われているか、それをイメージするといい。そこから説明しないとならんようだな。実はとても重要なことが隠れているところなんでね

シャローコピーと
ディープコピー

　読者の皆さんは、シャローコピー（浅いコピー）とディープコピー（深いコピー）という言葉を聞いたことはありますか。シャローコピーはメモリ上の実体（オブジェクト）はコピーしないで、複数の変数が同じ実体を参照するようにするコピーで、ディープコピーは実体のコピーを伴うコピーです。それぞれに意味があり、実装する機能に応じて使い分ける必要があります。

　Pythonではどのようにシャローコピーとディープコピーを使うのか見ていきましょう。

　その説明が終わったら、プログラマーにとって怖いメモリリークの話をします。メモリリークとはプログラムで確保したメモリー領域が解放されずにメモリ上に残ってしまうやっかいな現象ですが、Pythonのように初心者に適していると言われるプログラミング言語でもメモリリークは発生してしまいます。そんなプログラムを作らないためにも、メモリとデータの取り扱いについては、正しい知識を身につけておくことが大事です。

　まずは「シャローコピーとディープコピー」についてご説明します。新田くんが悩んでいるのは、まさにそこ。新田くんのコードについてくわしく見ていく前に、整数（int）値を記憶する変数の場合を確認しておきましょう。

コード2-2　整数を値として代入した変数を取り扱うプログラム

```
01   a = 10
02   b = a
03   b = 100
04   print(a,b)
```

　変数aに10を代入し、変数bにaの値を代入します。そして、変数bの値を100に変更します。print(a,b)の出力結果は

```
10,100
```

となります。これが普通だと思いますよね。ここで、このプログラムを実行することにより、パソコンのメモリ上でどのようにデータが扱われているかを見てみましょう。

このプログラムを実行後のメモリを模したのが次の図です。

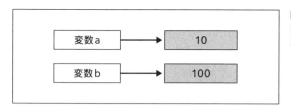

図2-2
変数aと変数bにそれぞれ
別の値（整数）を代入した
ところ

変数aとbはそれぞれメモリ上に存在し、10と100という値を持っています。だから、以降のコードでどちらかの変数の値を変更してももう一方にはまったく影響しません。

変数を代入してしまうと参照するリストは同じ

一方、リストとなると話が違ってきます。もう一度、新田くんが復習用に書いたプログラムを見てください。

コード2-3　新田くんを悩ませている、リストを取り扱うコード

```
01  lst_a = [1,2,3,4,5]
02  lst_b = lst_a
03
04  lst_b[0] = 10
05
06  print(f"lst_bは{lst_b}")
07  print(f"lst_aは{lst_a}")
```

リストの場合、

```
lst_a = [1,2,3,4,5]
```

とした時点でメモリ上に

```
[1,2,3,4,5]
```

というリストオブジェクトが作成され、変数lst_aはメモリ上にある[1,2,3,4,5]というリストを参照することになります。そして、

```
lst_b = lst_a
```

とした時点で、この参照を変数lst_bに代入します。

ここで、メモリ上でリストと変数lst_a、lst_bがどのような関係になっているか見てください。

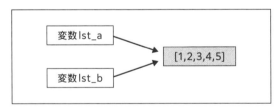

図2-3
リストを参照する変数lst_a
を変数lst_bに代入すると、
「何を参照しているか」が代
入されるため、どちらも同じ
リストを参照する

このプログラムでは続いて、lst_bに対して先頭の要素を書き換え、最後にlst_aとlst_bを出力するようにしています。メモリ上のデータを踏まえて出力を想像しながら実行してみましょう。

```
lst_bは[10, 2, 3, 4, 5]
lst_aは[10, 2, 3, 4, 5]
```

図2-4
コード2-3を実行したところ

新田くんは「なぜ同じリストになってしまうのか」と悩んでいますが、lst_aと

lst_bはともにメモリ上の同じリストオブジェクトを参照しています。だから

```
lst_b[0] = 10
```

と変数lst_bを介してリストの0番目[1]の要素を10に変更しても、

```
lst_a[0] = 10
```

と変数lst_aを介してリストの0番目の要素を10に変更してもメモリの同じ場所にあるリストの最初の要素を10に変更することになるのです。

　それを確かめる方法がPythonにはあります。id関数を使うと、変数がメモリ上のどのオブジェクトを指しているか知ることができます。それには、id(オブジェクト)と入力します。次のコードを追加してlst_aとlst_bのオブジェクトIDを出力してみます。

コード2-4　コード2-3の末尾に追加するコード

```
09  print(id(lst_a))
10  print(id(lst_b))
```

　この部分を実行した結果を見てみましょう。

```
2486173028608
2486173028608
```

図2-5
lst_aおよびlst_bが参照するオブジェクトの
IDを取得したところ

　このように同じ値が出力されました。これで、lst_a、lst_bともに同じオブジェクトを指していることが確認できます。C言語を勉強した経験がある人なら、オブジェクトIDをメモリ上のアドレス（番地）と考えてもいいでしょう。

---

[1]　ここでは便宜上、「インデックス番号が0の要素」のことを「0番目の要素」と書くことにしています。

オブジェクトの複製にはcopyメソッド

　リストを参照する変数を別の変数に代入すると、どちらの変数からでも同じオブジェクトを参照するのだということはお分かりいただけたと思います。では、本当にリストをコピーして、別々に扱いたいときはどうすればよいのでしょうか。メモリ上でのデータという観点でいうと、すでにメモリにあるのと同じ内容のリストを、メモリの別の場所に作りたいということです。

　そのために用意されているのが、リストのcopyメソッドです。オブジェクト指向プログラミング言語であるPythonらしく正確に書くと、リストクラスにはcopyメソッドが定義されているので、そのインスタンスであるリストオブジェクトでcopyメソッドが使えます。実際のプログラムで、リストのコピーについて見ていきましょう。

コード2-5　リストオブジェクトをコピーするプログラム

```
01  lst_a = [1,2,3,4,5,]
02  lst_b = lst_a.copy()
03  lst_b[0] = 10
04  print(f"lst_aは{lst_a}")
05  print(f"lst_bは{lst_b}")
```

　このプログラムではlst_aに[1,2,3,4,5,]を代入した時点で（1行目）、メモリ上に[1,2,3,4,5]というリストが作成され、変数lst_aでそのリストを参照できるようになります。ここで、2行目の

```
lst_b = lst_a.copy()
```

でlst_aのcopyメソッドを実行しました。すると、メモリ上の別の場所にlst_aと同じ要素を持つリストが新たに作成されて、変数lst_bで参照できるようになります。3行目でlst_bの最初の要素の値を10に変更し、lst_aおよびlst_bをprint関数で出力すると次のようになります。

01
02
03
04
05
06
07

メモリ上のデータは何かを理解する

```
lst_aは[1, 2, 3, 4, 5]
lst_bは[10, 2, 3, 4, 5]
```

図2-6
コード2-5を実行し、lst_aとlst_b
が別のリストになっていることを確認

lst_bの最初の要素だけが10になっていますね。ここまでのコードで、メモリ上ではどのようになっているかを見てください。

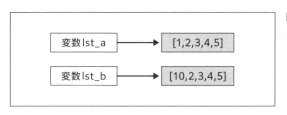

図2-7
メモリ上のlst_aとlst_b

メモリ上の異なるアドレスに二つのリストが存在するわけです。

コード2-5の末尾に次のコードを追加して実行してみましょう。

```
06   print(id(lst_a))
07   print(id(lst_b))
```

するとオブジェクトIDが違うことがわかります。

```
lst_aは[1, 2, 3, 4, 5]
lst_bは[10, 2, 3, 4, 5]
2696192053504
2696192055360
```

図2-8
lst_aとlst_bとでは異なるオブジェクトが割り当てられている

自作クラスにもcopyメソッドが必要?

リストにはcopyメソッドがあるので参照先のオブジェクトをコピーできることがわかりました。

では、自分で作成した場合にはどうなるでしょうか。以下のようなクラスを作成したとき、copyメソッドを用意していないケースでの動作を見てみましょう。

コード2-6　自分でクラスを作成したコードの例

```
01  class Point:
02      def __init__(self, x, y):
03          self.x = x
04          self.y = y
05      def __str__(self):
06          return f'({self.x}, {self.y})'
07
08
09  pt_a = Point(10,12)
10  print(pt_a)
```

01
02
03
04
05
06
07

　Pointクラスは、x軸とy軸の座標の位置を保持するクラスです。ここでは、「位置を保持する」ことからPointと命名してみました。

　2行目に出てくる__init__メソッドはご存じのようにクラスからインスタンス（オブジェクト）を生成するときに必ず実行されるコンストラクタメソッドと呼ばれる特殊メソッドです。Pythonでは前後にアンダースコアが二つ付いたメソッドは特殊メソッドです。特殊メソッドはオブジェクトのふるまい、動作に関するメソッドです。ここでは受け取る引数x、yをインスタンス変数self.x、self.yに渡しています。このコンストラクタメソッドによってクラスから生成されたオブジェクトは個々の値（プロパティ）を持つわけです。

　もう一つの__str__メソッドはオブジェクトを表す文字列を生成する特殊メソッドです。インスタンスをprint関数に渡すと自動的に呼び出されます。Pointクラスの__str__メソッドの中ではf文字列を使って、（と）の間にself.xとself.yの値を入れて返します。

　このコードを実行すると、まずPointクラスのインスタンスを参照する変数pt_aが作成されます。その際には特殊メソッド__init__が呼び出されます。9行目では引数を10と12としてインスタンスが生成されます。

次に10行目のprint関数が__str__メソッドを呼び出すので

```
(10, 12)
```

という文字列が返ってきます。

図2-9 コード2-6を実行したときの出力

　このとき、自作クラスに__str__メソッドを用意しないとどうなるのでしょうか。コピーの話からはそれてしまいますが、ちょっと試しておきましょう。次のコードのように__str__メソッドを削除した状態でprint関数を実行します。

コード2-7　__str__メソッドを記述しないPointクラス

```
01  class Point:
02      def __init__(self, x, y):
03          self.x = x
04          self.y = y
05
06  pt_a = Point(10,12)
07  print(pt_a)
```

　__str__メソッドを記述しないコードのまま実行すると、次のような出力になります。

図2-10 コード2-7を実行したときの出力

　いかにもオブジェクトらしい内部表現のままの出力が返ってきました。

copyモジュールのインポートで解決

さて、オブジェクトのコピーを自作クラスにどう実装すればいいのかという本題に戻りましょう。コード2-6のPointクラスはそのままに、処理部分の記述を次のようにしてみます。

コード2-8 自作クラスからオブジェクトを生成して処理するプログラム。オブジェクトのコピーをせずに、異なる変数名でオブジェクトを操作した場合

```
01  class Point:
02      def __init__(self, x, y):
03          self.x = x
04          self.y = y
05      def __str__(self):
06          return f'({self.x}, {self.y})'
07
08
09  pt_a = Point(10,12)
10  pt_b = pt_a
11  pt_b.x = 20
12
13  print(pt_a)
14  print(pt_b)
15  print(id(pt_a))
16  print(id(pt_b))
```

9行目から順々に見ていきましょう。変数pt_aにPoint(10,12)でPointクラスのインスタンスを作成し、変数pt_bに代入し、pt.bのxの値だけを20に変更します（9〜11行目）。本章の最初に取り上げたリストのサンプルコード（コード2-1）と同じことをしているわけです。そして、print関数を実行することで自動的に__str__メソッドを呼び出し、それぞれのオブジェクトの値とid関数の返す

値をそれぞれprint関数で出力します（13〜15行目）。

これを出力するとどうなるか、予想してみてください。

図2-11
コード2-8を実行したとき
の出力

ここまで本章を読み進めてきた皆さんにとっては、きっと予想通りだったでしょう。変数pt_aとpt_bは同じオブジェクトを参照しているので、値も同じだし、id関数が返すidも同じ。つまり、どちらの変数も参照しているのは同じメモリ領域にあるオブジェクトだということを示しています。

でもやっぱりオブジェクトをコピーしたいケースもあります。そうすると、オブジェクトそのものをコピーするにはリストクラスにあるようなcopyメソッドを、Pointクラスにも作る必要があるのでしょうか。

いいえ、その必要はありません。たった1行、記述を追加し、それに合わせてほんの少し修正するだけで十分です。

コード2-9　オブジェクトのコピーを可能にしたコードの例

```
01  class Point:
02      def __init__(self, x, y):
03          self.x = x
04          self.y = y
05      def __str__(self):
06          return f'({self.x}, {self.y})'
07
08
09  import copy
10
11  pt_a = Point(10,12)
12  pt_b = copy.copy(pt_a)
```

```
13    pt_b.x = 20
14    print(pt_a)
15    print(pt_b)
16    print(id(pt_a))
17    print(id(pt_b))
```

Pythonには標準モジュールとしてcopyモジュールが用意されています。なので、このcopyモジュールをインポートする1行を追加しました（9行目）。このモジュールを使って、Pointクラスのオブジェクトをコピーしてみましょう。

具体的には12行目を

```
copy.copy()
```

とすることで変数pt_aをpt_bにコピーします。その後、pt_bのxの値だけを20に変更して（13行目）、pt_aとpt_bをprint関数で出力、次にそれぞれのオブジェクトIDを出力します。実行結果は次のようになります。

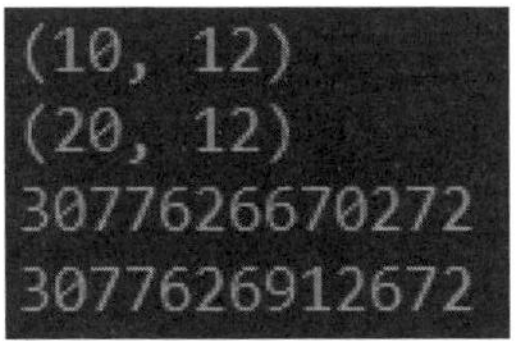

図2-12
コード2-9を実行したとき
の出力。pt_aとpt_bは異
なるidを持つ

pt_bのxの値だけが20になり、pt_aのxの値は10のままです。そして、pt_aとpt_bは異なるidになっていますね（この図では下3桁がたまたま一致しているのでわかりにくいかもしれませんが）。このことから、pt_aとpt_bは異なるメモリ上の二つのPointクラスのオブジェクトを参照しているとわかるわけです。

複合オブジェクトのコピー

　シャローコピーと（浅いコピー）とディープコピー（深いコピー）の違いはお分かりいただけたでしょうか。ただ、残念ながらこれでもうその理解はOK！とはいきません。もっと深いコピーを考えなければならないケースがあるのです。その具体例を見てみましょう。

　例えば、Pointクラスオブジェクトをリストオブジェクトに入れるような場合です。このようなオブジェクトのことを複合オブジェクトと呼びます。次のコードは、複合オブジェクトを生成するプログラムの例です。

コード2-10　複合オブジェクトをコピーするコードの例

```
01  class Point:
02      def __init__(self, x, y):
03          self.x = x
04          self.y = y
05      def __repr__(self):
06          return f'({self.x}, {self.y})'
07
08
09  import copy
10
11  pt_a = Point(10,12)
12  pt_b = Point(20,24)
13  lst_a = [pt_a,pt_b]
14  lst_b = lst_a.copy()
15
16  print(f"lst_aのオブジェクトIDは{id(lst_a)}")
```

```
17    print(f"lst_bのオブジェクトIDは{id(lst_b)}")
18
19    for pt in lst_a:
20        print(f"lst_a内のPointクラスのオブジェクトのIDは
                                              {id(pt)}")
21
22    for pt in lst_b:
23        print(f"lst_b内のPointクラスのオブジェクトのIDは
                                              {id(pt)}")
```

　Pointクラスのオブジェクトを変数pt_aとpt_bに二つ作成します。そして、その二つのオブジェクトをリストに入れて、変数lst_aで参照できるようにします。次に、リストのcopyメソッドでlst_bにコピーしています（11〜14行目）。

　それから、lst_aとlst_bのオブジェクトIDを出力しています（16〜17行目）。次にlst_aの中のPointクラスのオブジェクトを一つずつ変数ptに取り出してリストを作成し、一つ取り出すごとにptのオブジェクトIDを出力します（19〜20行目）。

　次にlst_bの中のPointクラスのオブジェクトについても、lst_a同様に取り出してIDをそれぞれ出力します。さて、結果はどうなるでしょうか。

```
lst_aのオブジェクトIDは2235444351232
lst_bのオブジェクトIDは2235444353088
lst_a内のPointクラスのオブジェクトのIDは2235448766640
lst_a内のPointクラスのオブジェクトのIDは2235448766688
lst_b内のPointクラスのオブジェクトのIDは2235448766640
lst_b内のPointクラスのオブジェクトのIDは2235448766688
```

図2-13　lst_aとlst_bのオブジェクトIDは異なるが、リスト内のPointクラスのオブジェクトIDは一緒

　lst_bを生成するときにcopyメソッドを使ったので、lst_aとlst_bのオブジェクトIDは異なります。このことからメモリ上にリストが二つ作成されていることがわかります。しかし、それぞれのリスト内にあるPointクラスのオブジェクトのIDをfor in 文の中で出力してみると、同じオブジェクトIDが2回出力されて

いることがわかりますね。

　つまり、二つのリストはメモリの別の場所にそれぞれ存在していますが、それ
ぞれが参照しているPointオブジェクトは同じである、ということになります。

　ちょっと複雑ですね。整理してみましょう。

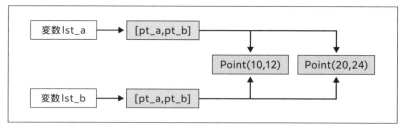

図2-14　リストはメモリの別の場所にそれぞれ存在するが、同じPointオブジェクトを参照し
ている

　コード2-10の実行後、pt_a、pt_bという変数は、いずれもメモリ上に一つし
か存在しないPointクラスのオブジェクトを参照しています。つまり同一のオ
ブジェクトを参照しているわけです。これを別のオブジェクトとして生成され
たlst_aとlst_bがそれぞれ参照していることになります。copyモジュールの
copyメソッドでリストオブジェクトそのものはコピーが作成されて、メモリ上に
二つ存在するようになったのですが、その中で参照するPointクラスのオブジェ
クトまではコピーされていません。これでは困るケースが出てくることは、もう
想像に難くないですよね。

複合オブジェクトにはdeepcopyを使う

　完全にオブジェクトを分けたいのであれば、望ましいのは次のように参照す
るPointクラスのオブジェクトもコピーされた状態です。

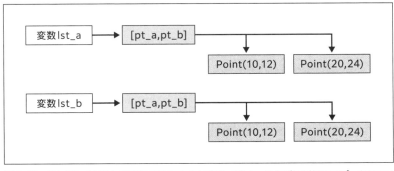

図2-15 それぞれのリストが参照するPointオブジェクトも、それぞれ別個にコピーされている状態

　この図のようにオブジェクト（リスト）内のオブジェクト（Pointクラス）もコピーするために、copyモジュールにはdeepcopyメソッドが用意されています。これを使ってみましょう。

コード2-11　deepcopyメソッドを使って複合オブジェクトをコピーするプログラムの例（コード2-10の9行目以降を変更）

```
09  import copy
10
11  pt_a = Point(10,12)
12  pt_b = Point(20,24)
13  lst_a = [pt_a,pt_b]
14  lst_b = copy.deepcopy(lst_a)
15
16  print(f"lst_aのオブジェクトIDは{id(lst_a)}")
17  print(f"lst_bのオブジェクトIDは{id(lst_b)}")
18
19  for pt in lst_a:
20      print(f"lst_a内のPointクラスのオブジェクトのIDは
                                            {id(pt)}")
21
22  for pt in lst_b:
```

```
23          print(f"lst_b内のPointクラスのオブジェクトのIDは
                                                       {id(pt)}")
```

クラス定義の部分は同じなので省略します。といっても、記述が変わったの
は、lst_aをcopy.deepcopyメソッドでlst_bにコピーしている14行目だけです。
コード2-10の場合は

```
14  lst_b = lst_a.copy()
```

だったのに対し、コード2-11では

```
14  lst_b = copy.deepcopy(lst_a)
```

としました。さて、これを実行して、lst_aおよびlst_bが参照するPointクラス
のオブジェクトIDがどうなったか見てみましょう。

```
lst_aのオブジェクトIDは1595216549952
lst_bのオブジェクトIDは1595216548096
lst_a内のPointクラスのオブジェクトのIDは1595217883360
lst_a内のPointクラスのオブジェクトのIDは1595217883408
lst_b内のPointクラスのオブジェクトのIDは1595218129600
lst_b内のPointクラスのオブジェクトのIDは1595218129504
```

図2-16　リストオブジェクトだけでなく、lst_aとlst_bが参照するPointクラス
のオブジェクトIDもそれぞれ異なるようになった

　リストオブジェクトだけでなく、PointオブジェクトのIDもすべてユニークな
値になりました。このように複合オブジェクトに対しては、copyモジュールの
copyメソッドだと浅くコピーします。これに対して深いコピーが必要な場合は、
deepcopyメソッドを使います。ここまで来れば、シャローコピーとディープコ
ピーの違いはマスターできたといっていいでしょう。

メモリの解放

　昨日、シャローコピー（浅いコピー）とディープコピー（深いコピー）について、竜崎さんに詳しく教えてもらった新田くんと荒田くんですが、今日もまた研修後に二人でパソコンを並べて復習しているようです。毎日、よく続けていますね。二人は意外に真面目なのかもしれません。さて、今日は何を勉強しているのかのぞいてみましょう。

　新田　CSVファイルの読み込みって面倒だな。ファイルをオープンするときに文字エンコーディングをutf-8とかshift_jisとか指定しないといけないしな

　なるほど、そこが引っかかっているんですね。たとえば、開きたいファイルがshift_jisでエンコードされているのに

```
csv_file1 = open("sample01.csv", "r", encoding="utf-8")
```

といったようにencodingにutf-8を指定するとUnicodeDecodeErrorと実行時エラーが表示されます。

UnicodeDecodeError: 'utf-8' codec can't decode byte 0x93 in position 0: invalid start byte

図2-17　encodingの指定を間違えた場合のエラーメッセージ

　このようにPythonではテキストファイルやCSVファイルの読み込みに文字エンコーディングを意識する必要があります。

　荒田　そうだよね。メモ帳とかで開いてみてもよくわからないし

荒田くん、Windowsのメモ帳で開くなら、CSVファイルを開いたあと、「ファイル」メニューから「名前を付けて保存」を選ぶと、開いたダイアログボックス上でエンコードが表示されますよ。UTF-8と表示される場合、Pythonプログラムではopen関数のencodingには、utf-8を指定してください。ANSIと表示される場合は、shift_jisを指定します。

　　新田　荒田、知ってるか。CSVファイルのCSVはComma Separated Valuesの略で、カンマで区切ったテキストファイルです。って今日の講師の先生は説明してたけど、区切りはカンマでなくてもいいんだぜ。例えば、スペースだったら、csv.readerのdelimiter引数にスペースを指定すればいいんだ

と新田くんは少し自慢げにVS Codeで書いたプログラムを荒田くんに見せます。

コード 2-12　新田くんがコーディングしたCSVファイルを読み込むプログラム

```
01   import csv
02
03
04   csv_file1 = open("sample01.csv", "r", encoding="shift_
                                                    jis")
05
06   reader1 = csv.reader(csv_file1, delimiter=",")
07   for line in reader1:
08       print(line)
09
10
11   csv_file2 = open("sample02.csv", "r", encoding="shift_
                                                    jis")
12
13   reader2 = csv.reader(csv_file2, delimiter=" ")
```

```
14    for line in reader2:
15        print(line)
```

荒田　新田くん、すごいね。デリミターがカンマの例とスペースのケースの２
　　　種類を試してみてるんだね。でも、open関数に対応するclose関数
　　　がないよ。withを使っているわけでもないし。これまずくない？

新田　だって、close()がなくてもプログラムは動くし、何回実行しても大丈
　　　夫だぜ。きっと読むだけなら、close()は要らないんだよ

荒田　そっかなあ？

新田　たぶん、単なるお作法だよ。「お行儀の悪いプログラムは書くな」とか
　　　みたいな。俺は合理主義だから、無駄なことはしないんだ

竜崎　何が合理主義だ！

新田　えっ、竜崎さん！　聞いていたんですか

竜崎　そんな大きな声で話していれば聞こえて当然だろ！

新田　す、すいません

竜崎　君は間違ってるぞ。それは合理主義じゃなくて、単なる無知だ。
　　　tracemallocを使ってみろ

新田　トレースエムアロック？？？

荒田　プ、プロレス技？？？　アームロックみたいな…

　竜崎さんがなぜか新田くんに対して怒っています。いったい竜崎さんは何に
怒っていたのでしょうか。皆さんが日常、パソコンを使うときのことをイメージ
してみましょう。パソコンを起動したら、メールクライアントも起動しますよね。
たいがいそのまま起動しっぱなしでしょう。Webブラウザも、何かの折に開いた
ら開いたままにして次々に調べものをすることが多いですよね。Wordで文書を
作りながら、Excelで計算もする。その他にもさまざまなソフトウェアが加わり
ます。プログラマならVS Codeを開くでしょうし、デザイナーはデザイン用のソ
フトウェアを開きます。

　言うまでもありませんが、これらはすべてプログラムですね。プログラムです
から、何かオブジェクトを記憶します。値といったほうがわかりやすいかもしれ
ませんね。値を記憶するためにはメモリを使います。ある値を記憶するために、

メモリに領域を確保します。この確保した領域は、使い終わったら解放しないといつまでも確保されたままメモリの一部を占有したままです。その値を使わない間もずっと、です。

　占有したメモリについては、プログラム言語ごとに扱い方が変わります。たとえばC言語ではプログラムから自分で確保したメモリ領域は、必ず自分で解放しなくてはいけません。malloc関数で確保したメモリ領域をfree関数で解放するといった要領です。面倒ですし、忘れるとトラブルのもとになるのですが、半面、自分でメモリやデータをコントロールしている安心感もあります。

　一方、JavaやPythonにはガベージコレクション（Garbage collection、略してGC）があります。ガベージコレクションとは「ゴミ収集」という意味です。プログラムで確保したメモリ領域のうち、不要になった領域を自動的に開放する仕組みです。

参照カウントをもとにメモリを解放

　PythonのGCは、参照カウントが0になったオブジェクトが使っているメモリ領域を開放します。参照カウントとはそのオブジェクトが参照されている数です。この参照カウントはsysモジュールのgetrefcount関数で取得できます。

```
01   import sys
02
03   dict_a = {"a":123}
04
05   print(f"1.dict_a refcount : {sys.getrefcount(dict_
                                              a)}")
06
07   dict_b = dict_a
08   print(f"2.dict_a refcount : {sys.getrefcount(dict_
                                              a)}")
09
```

```
10    #コピーした変数を削除
11    del dict_b
12    print(f"3.dict_a refcount : {sys.getrefcount(dict_
                                                    a)}")
```

それにはまず、sysモジュールをインポートします。ディクショナリ（辞書）を

```
{"a":123}
```

のように作って、変数dict_aで参照できるようにします。その後、このディクショ
ナリをあれこれ操作していくのですが、具体的なところは、これを実行した結果
と一緒に見ていきましょう。

```
1.dict_a refcount : 2
2.dict_a refcount : 3
3.dict_a refcount : 2
```

図2-18
参照カウントの出力例

出力結果の1行目では

```
1.dict_a refcount :
```

に続いて、2と出力されています。変数dict_aとsys.getrefcount関数がこの
辞書オブジェクトを参照しているから、「2回参照された」とカウントされたため
です。
　次に

```
07    dict_b = dict_a
```

と変数dict_bでdict_aを参照したことにより、参照カウントは3に増えました。

次に

```
11    del dict_b
```

で、dict_aを参照している変数を削除すると、参照カウントは2に減ります。これがゼロになれば「ゴミ」として破棄されるわけですから、大きなリストやディクショナリのようにメモリ占有量が大きそうなオブジェクトについては、Pythonであってもプログラム中で使い終わった時点で、delで削除すると良いケースもあることは覚えておくといいでしょう。

　ちなみにGCはあえてコードを記述して、プログラム中で強制的に実行することもできます。それには、gcモジュールをインポートし、gc.collect()でガベージコレクションを実行します。

```
import gc
 (中略)
gc.collect()
```

メモリリークが起こる仕組み

　メモリの解放がプログラマにとって重要なのは、メモリには容量があり、開放せずに領域を確保したままにしてしまうと、いずれ新しいデータを扱えなくなり、プログラムが意図した通りに動作しなくなってしまうからです。これをメモリリークと言います。メモリリークが起こる原因にはいろいろありますが、主な要因の一つに、新田くんのようにopenしたファイルをcloseしないで放置するコードになっていることや、循環参照などが挙げられます。

ExcelでもPythonでも循環参照は起きる

循環参照という用語が出てきました。もしかすると難しく聞こえるかもしれませんが、Excelを使う人ならば循環参照について目にしたことがあるのではないでしょうか。

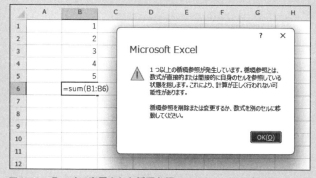

図2-19 Excelで表示された循環参照のエラーメッセージ

この例では、本当はセルB6に

```
=sum(B1:B5)
```

という関数式を入力したかったのに、手が滑って

```
=sum(B1:B6)
```

と入力して、Enterキーを押してしまったのでしょう。合計する値の範囲に、合計を表示するセルが入ってしまっているために起きるエラーです。Excelの場合は、実際に演算が始まる前に、循環参照を検出してエラーメッセージを出してくれます。

Pythonのプログラムでいうと、オブジェクト同士がお互いのオブジェクトを参照しくいる状態が循環参照です。

メモリ上のデータは何かを理解する

さて、竜崎さんから教えてもらったtracemallocに進みましょう。tracemalloc はPythonが割り当てたメモリをトレースするためのツールです。標準ライブラリ なのでインポートすれば自分のプログラムで使えます。tracemallocにより、プ ログラムの実行途中のスナップショットを取り、行ごとに割り当てられたメモリ の統計情報を見ることができます。次のプログラムを見てください。

コード2-13 tracemallocでメモリの利用状況をチェックするプログラムの例

```
01  import csv
02  import tracemalloc
03
04  tracemalloc.start()
05
06  csv_file = open("sample.csv", "r", encoding="utf-8")
07
08  reader = csv.reader(csv_file, delimiter=",")
09  for line in reader:
10      pass
11
12  snapshot = tracemalloc.take_snapshot()
13  top_stats = snapshot.statistics('lineno')
14
15  for stat in top_stats[:3]:
16      print(stat)
17
18  print("<<< file close >>>")
19  csv_file.close()
20
21  snapshot = tracemalloc.take_snapshot()
22  top_stats = snapshot.statistics('lineno')
23
24  for stat in top_stats[:3]:
```

```
25        print(stat)
```

ポイントとなるコードを見ていきましょう。

まず、4行目の

```
tracemalloc.start()
```

でメモリのトレースを開始します。12行目の

```
tracemalloc.take_snapshot()
```

で、そこまでのトレース結果をもとにスナップショット（snapshot）を取ります。このプログラムでは6行目でファイルをオープンしてcsv.rcaderでファイルの内容を読み込んだあとで、最初のスナップショットを取っています。

続いて13行目の

```
snapshot.statistics()
```

で、スナップショットから統計情報を取得します。ここでは引数にlinenoを指定して、どの行で記録を残したか、その番号を取得します。そして、

```
15   for stat in top_stats[:3]:
```

で、スナップショットからメモリを最も多く確保することになった行のトップ3を取り出し、ループの中で一つずつ出力しています。

その後、18行目で「<<< file close >>>」と出力してから、ファイルをclose()して、またスナップショットを取得して、15行目と同様にトップ3の行情報を出力しています。

これを実行して、ファイルオープン後とクローズ後を比較してみましょう。実行結果は次のようになりました（パスが長いので一部を省略しています）。

メモリ上のデータは何かを理解する

```
\prg\02\use_tracemalloc.py:9: size=16.7 KiB, count=12,
                                            average=1422 B
\prg\02\use_tracemalloc.py:6: size=9216 B, count=11,
                                            average=838 B
\prg\02\use_tracemalloc.py:8: size=203 B, count=3,
                                            average=68 B
<<< file close >>>
\prg\02\use_tracemalloc.py:9: size=16.7 KiB, count=12,
                                            average=1422 B
\prg\02\use_tracemalloc.py:6: size=1024 B, count=10,
                                            average=102 B
C:\py\Python312\Lib\tracemalloc.py:560: size=312 B,
                                    count=2, average=156 B
```

　ここでは、コード2-13のプログラムを「use_tracemalloc.py」というファイル名で保存して実行しました。パスやファイル名は環境に合わせて読み替えてください。

　出力結果のうち、プログラム名（use_tracemalloc.py）に続く数字が行番号です。

```
9: size=16.7 KiB
```

が最もメモリ占有量が大きいですね。9行目というと、readerオブジェクトから各行を取得しているところです。次が

```
6: size=9216 B
```

です。6行目のファイルをオープンしているところですね。

```
8: size=203 B
```

は8行目のreaderオブジェクトの取得です。

<<< file close >>>以降の行は、ファイルをクローズしたあとのトップ3です。顔ぶれ、内容ともに変化しているところ、特に2番目に注目してください。クローズ前と同じ6行目になっているのですが、

```
6: size=1024 B
```

と、メモリサイズが減っていることが確認できます。これはファイルをクローズしたためです。

このようにPythonではtracemallocモジュールを使ってメモリをトレースしスナップショットを取って、統計情報を取得することができます。

メモリリークの問題は短いプログラムを作っているうちはあまり気にする必要はないでしょう。新田くんが作っているような、実行したら数秒もかからず終了するプログラムなら、終了後はWindowsなどのOSがメモリを開放してくれるためです。しかし、それがサーバーのメモリ上に常に存在して動き続ける、いわゆる常駐プログラムだったらどうなると思いますか。いずれサーバーのメモリを使い切り、新規のデータを扱えなくなり、プログラムはエラーを起こします。システムはダウンし、提供しているサービスが停止し……。ビジネス上、大きな損失を招きかねません。メモリリークは深刻な問題になりかねない、危険な状態なのです。竜崎さんが新田くんに怒った理由、わかっていただけましたか？

メモリリークの原因がファイルの閉じ忘れのように単純なものであれば発見は容易ですが、実際のプログラムではどこでメモリリークが発生しているかを簡単には解明できないケースがとても多いのが実情です。このため、メモリリークが原因でいつの間にか重要なサービスが停止しているといった怖い事態を避けるためにも、開発段階でtracemallocなどのデバッグツールを利用できるようになってください。

Pythonの
コレクションに強くなる

新田　今日の研修はほとんどディクショナリー（辞書）とセットの勉強だった
　　　　　よな

　新田くんと荒田くんは新人研修で昨日、今日とPythonのコレクションについ
ての講習を受けました。

　　新田　リスト、タプル、辞書、セットと勉強したから、これでPythonのコレク
　　　　　ションは完璧だね

　リスト、タプル、ディクショナリー、セットという、データをまとめて扱うため
に用意されたPythonのコレクション型は使いやすく、かなり強力です。ですか
らこれらの基本を覚えれば、もうすぐにでもプログラミングを始められます。で
も、もう少し便利な目的に特化したコレクションのクラスがあることも知ってお
きましょう。
　プログラマーになろうという人の多くは私の知るところ、新田くんや荒田くん
のように真面目な人が多いようです。ですから、コレクションのデータ型を扱う
ときに基礎的な知識の範囲内ではやりにくい処理があっても、何とか工夫してし
てしまう例をたくさん見てきました。あるいは、クラスを自作して目的を達成し
てしまうといった手間と時間を惜しまないケースもあると思います。
　でも、それではちょっともったいない。そんなときにもう一歩踏み込んだ知識
があれば楽ができることもあるのです。プログラミングで楽ができるというこ
とはバグを出してしまう可能性を減らすことにつながるので正義です。本章で
は、実用的なプログラムならほぼすべてが利用するコレクション型について、一
段 "上" に行くためのテクニックを紹介しましょう。
　Pythonには4種類の基本的なコレクションを操作するデータ型があります。
コレクションのデータ型を使うと、複数のデータ型をまとめて扱うことができま
す。

表3-1　基本的なコレクション

データ型	概要
Tuple（タプル）	固定値のシーケンス
List（リスト）	可変値のシーケンス
Dictionary（辞書）	キーバリューペアのコレクション
Set（セット）	重複値を含まないシーケンス

　Pythonのコレクションにはシーケンス型とマッピング型に分けられるものがあります。

　タプルとリストはシーケンス型です。シーケンス型は整数のインデックスを指定して、要素にアクセスできるデータ型です。表3-1のシーケンス型コレクション以外にも、文字列やレンジ（range）もシーケンス型です。リストやタプルは他のプログラミング言語では、配列と呼ばれるものに似ています。

　一方、ディクショナリー（辞書）はマッピング型です。マッピング型は任意のキーで要素を検索できるデータ型です。辞書は他のプログラミング言語では、キーバリューペアや連想配列と呼ばれるものに似ています。

　コレクションを使うと、効率良くデータを扱うプログラムが作成できるようになります。

Pythonのコレクションに強くなる

タプル

　タプルは丸カッコ（( )）で全体を囲み、各要素はカンマで区切ります。各要素にはインデックスでアクセスできます。要素の書き換えや追加、削除ができない、immutable（イミュータブル）であるというのが最大の特徴です。イミュータブルであることはデメリットのように感じる人がいるかもしれませんが、タプルに定義した値はプログラム中で不変であるととらえればメリットです。書き換えてはいけない値はタプルに定義しておくと、コーディングのミスで不意に変えてしまうことが防げるためです。

特徴1 丸かっこ（　）で全体を囲む

特徴2 各要素はカンマ(,)で区切る
　　　……コード例）data=(1,2,3,4,5)

特徴3 インデックス（番号）で要素にアクセスする
　　　……コード例）print(data[2])　→（処理結果）3

特徴4 要素の書き換えができない（＝イミュータブル）
　　　……コード例）data[0]=11　→（処理結果）エラーになる

特徴5 異なる型の要素を混在できる
　　　……コード例）data=(1,2,'ABC',4,5)

図3-1　タプルの特徴

　コードで理解していきましょう。

```
birds = ("鳩","雀","オウム","フクロウ","ペンギン")

print(birds[2])
```

　インデックスは0から始まるので、birds[2]はオウムを返します。ですから、ターミナルにオウムと表示されます。結果を出力した画像は出すまでもないので省略しますね。

　次に、このタプル型のbirdsに対して

```
print(birds[10])
```

のように存在しないインデックスを指定して出力しようとすると、Chapter1で見た通り、

```
IndexError: tuple index out of range
```

というエラーになります。

　また、要素の値を変更しようと

```
birds[2] = "キジ"
```

といったコードを記述すると

```
TypeError: 'tuple' object does not support item assignment
```

となり、書き換えられません。これでイミュータブルであることが確認できます。

シーケンス型から要素を取り出すスライス操作

タプルはシーケンス型であると表3-1で説明しました。シーケンス型にはスライス操作が可能という特徴があります。スライス操作により、タプルからその要素の一部をタプルとして取り出すことができます。

ここでスライス操作について説明しておきましょう。スライス操作はこの次に説明するリストでも可能な操作です。扱うのがタプルかリストかだけが違いなので、リストを操作する際にも参考にしてください。

次のコードは、タプルをスライス操作した結果を出力するコードです。

コード3-1　タプルをスライス操作するプログラム例

```
01 birds = ("鳩","雀","オウム","フクロウ","ペンギン")
02
03 print(birds[0:5])
04 print(birds[1:4])
05 print(birds[2:])
06 print(birds[:3])
07 birds_new = birds[1:4]
08 print(birds_new)
```

これを実行すると、次のような出力になります。

```
('鳩', '雀', 'オウム', 'フクロウ', 'ペンギン')
('雀', 'オウム', 'フクロウ')
('オウム', 'フクロウ', 'ペンギン')
('鳩', '雀', 'オウム')
('雀', 'オウム', 'フクロウ')
```

図3-2
コード3-2でスライス操作を実行した結果

このプログラムのコードを実行結果とともにくわしく見ていきましょう。タプルの要素数は5なので、3行目の

```
birds[0:5]
```

はすべての要素を返します。4行目の

```
birds[1:4]
```

はインデックス1からインデックス4の手前までの要素を返します。5行目の

```
birds[2:]
```

は範囲の末尾を指定していないので、インデックス2の要素から、最後まで要素
を返します。一方、6行目は

```
birds[:3]
```

は、範囲の開始を指定していません。この場合は最初の要素からインデックス
3の手前まで要素を返します。また7行目では

```
birds_new = birds[1:4]
```

とすることでタプルbirdsから、その一部を要素とするタプルbirds_newを作
成することができます。bird_newはこの時点で初めて作られたので、当然、新し
いオブジェクトとしてメモリ上に作成されるわけですね。

イテラブルオブジェクトの操作

シーケンス型の取り扱いでは、イテラブルについての理解を深めておくとコーディングが格段にはかどります。ここで、イテラブルについての理解を確実にしておきましょう。

iterable（イテラブル）とは反復可能なという意味です。イテラブルオブジェクトは一度に一つずつ、自分が持つ要素を返すことができるオブジェクトです。シーケンス型であるタプルやリストはイテラブルオブジェクトです。

イテラブルオブジェクトの処理を具体的に観てみましょう。たとえば、for in文で、イテラブルオブジェクトから要素を一つずつ取り出し、forブロックの中で処理することができます。次のコードで動作を確かめてみます。

```
01  birds = ("鳩","雀","オウム","フクロウ","ペンギン")
02
03  for bird in birds:
04      print(bird)
```

これは、タプルbirdsから鳥の名前を一つずつ取り出し、そのつど出力するコードです。実行結果は次のようになります。

図 3-3
タプルからfor in句で鳥の
名前を一つずつ出力したと
ころ

イテラブルオブジェクトから一つずつ値を取り出すという感覚を身に付けておくと、Pythonプログラマーにとって後々とても役に立ちます。

オブジェクトであるタプルにはメソッドがあります。ここでは、頻出のメソッドとしてcountメソッドとindexメソッドを使ったプログラムを見ていただきましょう。

```
01    birds = ("鳩","雀","オウム","フクロウ","ペンギン")
02
03    print(birds.count("雀"))
04    print(birds.index("フクロウ"))
```

countメソッドは指定した要素の出現回数をカウントし、indexメソッドは指定した要素のインデックスを返します。ですから、このプログラムを実行すると3行目のコードの出力が1、4行目の出力が3となります。

リスト

　リストは、タプル同様にシーケンス型のコレクションです。リストは角カッコ（[ ]）で全体を囲み、各要素はカンマで区切ります。各要素にはインデックスでアクセスできます。リストは要素の書き換えや追加、削除ができます。mutable（ミュータブル）であると言います。

図3-4　タプルの特徴

　リストを具体的に操作するコードで、動作を確認していきましょう。

コード3-2　リストを操作するプログラムの例

```
01   birds = ["鳩","雀","オウム","フクロウ","ペンギン"]
02
03   print(birds[2])
04   print(birds.index("ペンギン"))
05
```

```
06    birds[2]= "カラス"
07    print(birds)
```

このプログラムでは、リストbirdsを作り、

```
birds[2]
```

とインデックスでアクセスし（3行目）、次に

```
birds.index("ペンギン")
```

とindexメソッドを使い、値からインデックスを取得しています（4行目）。実行結果を確認しましょう。「オウム」と「4」が出力されることを確かめてください。

図3-5
コード3-2を実行したときの出力

　リストはミュータブルなので、要素を指定して書き換えてみましょう。コード3-2では6行目の

```
birds[2]= "カラス"
```

で3番目の要素をカラスに変更しています。出力を見れば、書き換えられていることがわかります。

　これでリストがミュータブルであることが確認できましたが、ミュータブルなリストとイミュータブルなタプルは相互に変換できます。

コード3-3　リストとタプルを変換するプログラムの例

```
01    birds = ("鳩","雀","オウム","フクロウ","ペンギン")
02
```

```
03   lst_birds = list(birds)
04   print(type(lst_birds))
05   print(lst_birds)
06
07   tpl_birds = tuple(lst_birds)
08   print(type(tpl_birds))
09   print(tpl_birds)
```

このプログラムでは、3行目で

```
list(タプル名)
```

として、タプルをリストに変換することができます。ここでは実際のタプル名に
birdsを指定しました。逆にリストをタプルに変換するには、7行目のように

```
tuple(リスト名)
```

として、リストをタプルに変換できます。

コード3-3では、変換後にデータ型を出力するようになっているので、実行し
て確認してみます。

```
<class 'list'>
['鳩', '雀', 'オウム', 'フクロウ', 'ペンギン']
<class 'tuple'>
('鳩', '雀', 'オウム', 'フクロウ', 'ペンギン')
```

図3-6
コード3-3の実行結果

type関数でクラス名を出力するとそれぞれlist、tupleとなっていることがわ
かります。それに加えてPythonの場合はコードを見て丸かっこか角かっこか、
記述を見て区別することもできますね。

このようにリストとタプルは相互に変換できますので、更新が必要な処理をす
るときだけタプルからリストに変換するといった使い方ができます。

リストのメソッドを使いこなす

　ミュータブルであるリストは、タプルに比べて多くのメソッドを持っています。代表的なメソッドはPythonプログラミングでは必修といってもいいでしょう。

表3-2　主なリストメソッド

メソッド	処理内容
appendメソッド	リストの末尾に値を追加する
insertメソッド	リストの指定した位置に値を追加する
popメソッド	リストの特定の要素を削除する
indexメソッド	リスト内で指定した値を持つ要素のインデックスを返す
sortメソッド	リストを並び変える
reverseメソッド	リストを逆順に並び変える
copyメソッド	リストをコピーする

　実際のプログラムで、それぞれどのように使うのか、試してみましょう。

コード3-4　リストのメソッドを使ったプログラムの例

```
01  lst_01 = [0,1,2,3,4,5,6,7,8,9]
02  lst_02 = [] #空のリスト
03  for i in lst_01:
04      lst_02.append(i**2)
05  print(f"lst_02 {lst_02}")
06
07  lst_02.insert(3,6)
08  print(f"6を追加 {lst_02}")
09
10  lst_02.pop(3)
11  print(f"[3]の値を削除 {lst_02}")
12
```

```
13    lst_02.sort(reverse = True)
14    print(f"降順に並び替え {lst_02}")
15
16    lst_02.sort()
17    print(f"昇順に並び替え {lst_02}")
18
19    lst_03= [5,1,2,8,6,7,3,9,4]
20    lst_03.reverse()
21    print(f"逆順に並び替え {lst_03}")
22    top_stats = snapshot.statistics('lineno')
```

1行目でlst_01に初期値を与え、リストを作成しています。次に

```
lst_02 = []
```

として変数lst_02に空のリストを作成しています。

　3行目のforループでリストlst_01の要素を一つずつ読み込み、ループの中で
はappendメソッドにより読み込んだ値を二乗してリストlst_02に追加します。
appendメソッドはリストの末尾に要素を追加します。

　これに対し、7行目に記述したinsertメソッドは

```
insert(3,6)
```

のように第一引数の位置（インデックス）に第二引数を追加します。元からあっ
た要素は順に後ろに送られます。

　popメソッドは引数に指定したインデックスの要素を削除します（10行目）。

　sortメソッドはリストを並び替えます。キーワード引数reverseにTrueを指
定すると降順に並び替えます（13行目）。引数に何も指定しない場合は昇順に
並び替えます。

　reverseメソッドは、その時点で並んでいる要素が逆順になるようリストを並
べ替えます。

コード3-4はこれらのメソッドを順に実行しているので、出力結果と照らし合わせて動作を確認してください。

```
lst_02 [0, 1, 4, 9, 16, 25, 36, 49, 64, 81]
6を追加 [0, 1, 4, 6, 9, 16, 25, 36, 49, 64, 81]
[3]の値を削除 [0, 1, 4, 9, 16, 25, 36, 49, 64, 81]
降順に並び替え [81, 64, 49, 36, 25, 16, 9, 4, 1, 0]
昇順に並び替え [0, 1, 4, 9, 16, 25, 36, 49, 64, 81]
逆順に並び替え [4, 9, 3, 7, 6, 8, 2, 1, 5]
```

図3-7　リストメソッドの出力例（コード3-4を実行したところ）

Pythonのコレクションに強くなる

ディクショナリー

次に取り上げるのは、マッピング型のディクショナリー（辞書）です。ディクショナリーには、次のような特徴があります。

特徴1 キーと値（バリュー）の組み合わせで記録する

特徴2 波かっこ{ }（ブレース）で全体を囲む

特徴3 各要素はカンマ（,）で区切る
……コード例）score = { "english":90, "Japanese":95, "math":65}

特徴4 キーで要素の値にアクセスする
……コード例）print(score["english"]) →（処理結果）90

特徴5 要素（キー）の書き換えができる（＝ミュータブル）
……コード例）score["math"] = 70

特徴6 異なる型の要素を混在できる
……コード例）score["math"]="Good"

図3-8　タプルの特徴

辞書はキーと値（バリュー）の組み合わせでデータを記録します。その際は

```
"english":90
```

のようにコロンで組み合わせます。

こうした要素はカンマ（,）で区切り、全体を波かっこ{ }（ブレース）で囲みます。

ディクショナリーではキーで要素の値にアクセスすることができ、要素の書き

換えが可能（ミュータブル）です。他のプログラミング言語では、ディクショナリーのことをキーバリューペアや連想配列、ハッシュマップなどと呼ぶデータ型が、Pythonのディクショナリーとほぼ同じようなものと考えても大丈夫です。

では、実際のコードでディクショナリーの使い方をマスターしましょう。

コード3-5　ディクショナリーを操作するプログラムの例

```
01   dict_01 = {"Pigeon":"鳩","Sparrow":"雀","Parrot":
                                    "オウム","Owl":"フクロウ"}
02   print(dict_01["Owl"])
03
04   dict_01["Owl"] = "梟"
05   print(dict_01)
```

このプログラムでは鳥の名前の"辞書"をディクショナリーとして作りました（1行目）。ディクショナリーでは、キーで値を取得できるので、2行目の

```
dict_01["Owl"]
```

は「フクロウ」を返します。実行してみましょう。

```
フクロウ
{'Pigeon': '鳩', 'Sparrow': '雀', 'Parrot': 'オウム', 'Owl': '梟'}
```

図3-9　コード3-5の実行結果

出力の上の行が、プログラムの2行目の実行結果です。

ディクショナリーではキーを指定して値を変更できます。コード3-5では4行目の

```
dict_01["Owl"] = "梟"
```

で「フクロウ」を「梟」に変更しています。

Pythonのコレクションに強くなる

セット

　セットは数学でいうところの集合です。リストやタプルのようなシーケンス型ではないので順序が保証されません。セットの便利なところは、複数のデータから重複を取り除くことができる点です。たとえば、大量のデータをリストに読み込み、それをセットに変換することにより重複する要素を取り除くといった使い方が可能です。セットの使い方をイメージするためにも、具体的なコードを見ていただきましょう。

```
01  set_01 = {"A","B","C","D","E"}
02  print(set_01)
```

　セット set_01 を新規に作成して、set_01 を出力するというプログラムです。セットは、波かっこ｛　｝（ブレース）で全体を囲み、その中はカンマで要素を区切ります。これを出力すると、あるときは

```
{'A', 'B', 'C', 'D', 'E'}
```

と出力されたり、またあるときは

```
{'D', 'C', 'B', 'E', 'A'}
```

と出力されたりといったように、要素が並ぶ順番が一定ではありません。「順序が保証されない」とはこういうことなのです。
　また、セットでは要素の重複は許されません。

```
01  set_02 = {"A","B","B","C","D","E"}
```

```
02    print(set_02)
```

このようなコードで、要素が重複するようなセットを作って出力すると

```
{'A', 'B', 'C', 'D', 'E'}
```

となります。セットの利用価値はこの「要素の重複は許されない」という特徴に
あります。たとえば、重複した値を持つリストから、重複値を取り除くためセット
にするといった使い方が考えられます。
　もう少しセットを深く使い込んでみましょう。次のコードを見てください。

```
01    birds = ["鳩","雀","オウム","雀","フクロウ","オウム","雀",
                                                    "ペンギン"]
02    set_birds = set(birds)
03    lst_birds = list(set_birds)
04    print(lst_birds)
```

このコードを実行すると

```
['ペンギン', '鳩', 'フクロウ', 'オウム', '雀']
```

のように、ユニークな値だけを持つリストが作成されます。ただし、順序は保証
されません。皆さんが手元で実行したときも、異なる順序で表示されるケース
がほとんどでしょう。
　セットは、前述の通り数学でいうところの集合です。ですから集合操作のメ
ソッドがあります。

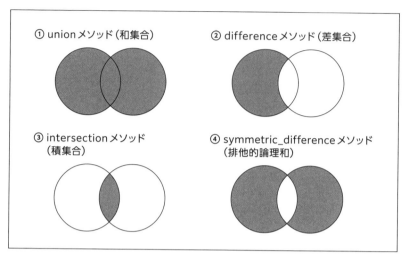

① union メソッド (和集合)　② difference メソッド (差集合)

③ intersection メソッド　④ symmetric_difference メソッド
　（積集合）　　　　　　　　　（排他的論理和）

図3-10　セットの集合演算用のメソッド

　こうしたメソッドにより、集合演算を使って集合から集合を取得することができます。文系出身の人は、学生時代の数学の授業を思い出しながら、次のコードを見てください。

```
01  set_01 = {"鳩","雀","オウム","フクロウ","ペンギン"}
02  set_02 = {"鳩","雀","カラス","フラミンゴ","ペンギン"}
```

　まず、このように二つのセットを作成します。続いて、set_01とset_02に対してそれぞれのメソッドを実行することにより、どのような集合が取得できるのか見てみましょう。

```
04  print(f"和集合 {set_01.union(set_02)}")
05
06  print(f"差集合 {set_01.difference(set_02)}")
07
08  print(f"積集合 {set_01.intersection(set_02)}")
09
```

```
10    print(f"排他的論理和 {set_01.symmetric_
                                        difference(set_02)}")
```

　図3-10で取り上げた順に、和集合、差集合、積集合、排他的論理和の順で各
メソッドを実行しました。

```
和集合 {'ペンギン', 'オウム', 'カラス', 'フラミンゴ', '雀', 'フクロウ', '鳩'}
差集合 {'フクロウ', 'オウム'}
積集合 {'雀', 'ペンギン', '鳩'}
排他的論理和 {'フラミンゴ', 'フクロウ', 'オウム', 'カラス'}
```

図3-11　和集合、差集合、積集合、排他的論理和それぞれの実行結果

　set_01、set_02の要素と見比べて、それぞれ正しくそれぞれの集合が取得で
きていることがわかります。このようにセットの集合演算メソッドを使うと二つ
の集合から、目的のデータセットを取得することができます。

Pythonのコレクションに強くなる

知っておきたい
コレクションモジュール

荒田　この４つのコレクションを操作するデータ構造を使いこなせば、難し
　　　いプログラムでも作れそうだね
竜崎　甘いな
荒田　竜崎さん、聞いてたんですか！
竜崎　collectionsモジュールのデータ型を知っているか
新田　コレクションズモジュールなんてのが、あるんすか？
荒田　（竜崎さんていつも苦虫をかみつぶしたような顔をしてるけど、結構教
　　　え好きなんだな）

　Pythonのコレクションについて見てきましたが、ここまでならすでに入門書にもあった内容かもしれません。ここからさらに実力を伸ばすには、collectionsモジュールをマスターするのがいいでしょう。collectionsモジュールには辞書やタプル、リストの機能を拡張する、知っているとおトクなデータ型があります。ここでは、実際のプログラム開発で頻繁に使うメソッドを中心に紹介します。

タプル形式のデータを簡単に作れるnamedtupple

　パソコンで動作させるプログラムを作成する場合、ディスプレイ上の位置を制御するためにxおよびy座標をデータにすることがあります。こういうときにタプルを使うのは、よく見かけるコードです。

```
01  pt = (10,20)
02  print(pt[0])
```

```
03    print(pt[1])
```

　このコードのようにptという変数にx座標とy座標をタプルとして記憶します。そうしておくと、x座標を取得したいときはpt[0]、y座標を取得したいときはpt[1]でアクセスできます。しかし、変数をたくさん使うプログラムでは、ptではなくもっと説明的な変数名を付けないと何が定義してあるのか、後々わからなくなることもあるでしょう。また、タプルの最初の要素がx座標で次の要素がyであることは、コメントで書き残しておかないと混乱を招きかねません。

　そういうとき、クラスを作ったほうがわかりやすいと思う人もいるかもしれません。次のようにPointクラスを作ると、座標を扱うタプルを利用するにあたってxとyで迷うことはなくなります。

コード3-6　座標をタプルで保存するためPointクラスを作ったプログラム

```
01    class Point:
02        def __init__(self, x, y):
03            self.x = x
04            self.y = y
05
06
07    pt = Point(10,12)
08    print(pt.x)
09    print(pt.y)
```

　このようにPointクラスを定義しておけば、Pointオブジェクトのptを作成することにより、pt.xでx座標に、pt.yでy座標にアクセスすることができます。

　しかし、namedtuple（名前付きタプル）を知っていれば、クラスを作るまでもないことがわかります。プログラミングをしていると単純なクラスを作りたくなる局面にしばしば遭遇します。でも、namedtupleが使えることを知っていれば、いちいちクラスを作成することなく、コードの記述を効率的にすることができます。

　コード3-6と同じことを、namedtupleを使ってコーディングしてみます。

Pythonのコレクションに強くなる

コード3-7　Point クラスを定義する代わりに namedtuple を使ったプログラムの例

```
01    import collections
02
03    Point = collections.namedtuple("Point", "x y")
04
05    p1 = Point(10, 20)
06    print(p1)
07    print(p1.x)
08    print(p1.y)
```

　namedtuple を使うには、まず collections モジュールをインポートします。利用する際は、3行目の

```
03    Point = collections.namedtuple("Point", "x y")
```

のように namedtuple を定義します。namedtuple() は第一引数に指定した名前を持つタプルのサブクラスを返します。必要なフィールドの名前とともにタプルに名前を付けることができるのです。これを実行して p1 および x 座標、y 座標を出力してみました。

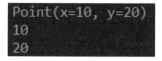

図3-12
名前付きタプルを使った
コード3-7の出力

　p1 を print 出力すると画像のように Point(x=10, y=20) と出力され、p1.x で x 座標に、p1.y で y 座標にアクセスすることができます。
　また、namedtuple には _replace メソッドがあります。_replace メソッドを使用すると、指定したフィールドを新しい値に置き換えることができます。もちろん、namedtuple はタプルなので、オブジェクトの値を直接書き換えられません。そこで、_replace メソッドは値を変更した namedtuple の新しいオブジェクトを返します。

コード3-7に続けて以下のコード

```
10   p1 = p1._replace(x=100)
11   print(p1)
```

を追加します。_replaceメソッドによりp1をもとに新しいオブジェクトを生成
しますが、それをp1に代入しています。これを実行してみると

```
Point(x=100, y=20)
```

が出力されます。結果として、タプルだったp1の内容が書き換わりました。タプ
ルの要素を直接書き換えることはできませんが、_replaceメソッドを使うこと
により一部の値を変更した新しいタプルを作成することができます。

辞書の順序を整えるOrderedDict

　続いて、辞書の操作でよく使うサブクラスを見ていきましょう。OrderedDict
は順序付きの辞書です。通常の辞書（Dict）は順序が違っても項目が同じなら、
等価であると判断します。まずはDictの動作を見ておきましょう。

```
01   dict_a = {"a": 10, "b": 200, "c": 300}
02   dict_b = {"a": 10, "c": 300, "b": 200}
03   print(f"等価テスト: {dict_a == dict_b}")
```

　これを実行すると

```
等価テスト: True
```

と出力されます。これをOrderedDictに変換してみます。次のコードを見てくだ
さい。

```
01    from collections import OrderedDict
02
03    dict_a = {"a": 10, "b": 200, "c": 300}
04    dict_b = {"a": 10, "c": 300, "b": 200}
05
06    od_a = OrderedDict(dict_a)
07    od_b = OrderedDict(dict_b)
08    print(f"等価テスト: {od_a == od_b}")
```

インポート文は

```
from collections import OrderedDict
```

として、いちいち

```
collections.OrderedDict()
```

と書かなくても良いようにしています（1行目）。このプログラムの実行結果は

```
等価テスト: False
```

となります。これは、前述のプログラムが辞書内の要素の順番を考慮しないのと異なり、比較する辞書内の要素は並び順が異なるからです。

辞書の要素を削除する popitem

　もう少しOrderedDictのメソッドを紹介します。popitemメソッドは先頭もしくは最後のキーと値のペアを返して消去します。last引数がTrueならLIFO（Last in First Out）で先頭のペアが、FalseならFIFO（First in First Out）で

末尾のペアが返されます。これを使うと次のような使い方ができます。

コード3-9 popitemのサンプルプログラム（8行目以降）

```
08    print(od_a.popitem(last=False))
09    print(od_a.popitem(last=True))
10    print(od_a)
```

　実際に動作させるときは、コード3-8の8行目以降を上記のように書き換えてください。これを実行すると、8行目で最初の項目、9行目で最後の項目が消去されて、od_aには

```
{'b': 200}
```

だけが残った状態になります。

```
('a', 10)
('c', 300)
OrderedDict({'b': 200})
```

図3-13
コード3-9の実行結果。popitemによりod_a内の要素が返されて削除される

要素を先頭／末尾に移動させる move_to_end

　OrderedDictからはもう一つ、順番を変更するのに使うmove_to_endメソッドを試してみましょう。move_to_endメソッドは要素を先頭や末尾に移動します。

　プログラムとしてはもう一度、OrderedDictを作り直して、move_to_endを実行するようにしてみました。

コード3-10 move_to_endメソッドのサンプルプログラム

```
01  from collections import OrderedDict
02
03  dict_a = {"a": 10, "b": 200, "c": 300}
04  dict_b = {"a": 10, "c": 300, "b": 200}
05
06  od_a = OrderedDict(dict_a)
07  od_b = OrderedDict(dict_b)
08  print(f"等価テスト: {od_a == od_b}")
09  od_a = OrderedDict(dict_a)
10  od_b = OrderedDict(dict_b)
11  od_a.move_to_end("a")
12  print(od_a)
13  od_a.move_to_end("a", last=False)
14  print(od_a)
```

　このプログラムでは、11行目および13行目でmove_to_endメソッドを実行
しています。11行目ではOrderedDictのod_aに対して、キーがaの要素を末尾
に動かします。move_to_endの第二引数は初期値が

```
last=True
```

なので省略しています。逆に、対象の要素を先頭に持ってくる場合は13行目の
ように

```
last=False
```

を記述します。コード3-10の13行目では、11行目により変更された後のod_a
を対象に、キーがaの要素を先頭に移動させます。
　このプログラムを実行すると、キーがaの要素がいったん末尾に移ったあと、
再び先頭に移動します。

```
OrderedDict({'b': 200, 'c': 300, 'a': 10})
OrderedDict({'a': 10, 'b': 200, 'c': 300})
```

図3-14 キーがaの要素が11行目のコードで末尾に移動し（上）、13
行目のコードで先頭に移動した（下）

last引数はTrueがデフォルトなので省略した場合は末尾に、last=Falseを指
定した場合は先頭に移動します。

辞書内の要素をカウントするdefaultdict

もう少し、辞書（Dict）のサブクラスを続けます。defaultdictです。名前から
も辞書関連であることがわかりますね。

Pythonでは辞書を使って何かの数をカウントすることがよくありますが、
キーが存在しないとエラーになります。たとえば、次のようなプログラムの場合
です。

コード3-11 要素の出現回数を数え、結果を辞書形式のデータにするプログラムの例

```
01  birds = ["鳩","雀","オウム","フクロウ","ペンギン","鳩",
                                              "オウム","雀"
02        ,"カモメ","カラス","雀","鳩"]
03
04
05  birds_counter = dict()
06  for bird in birds:
07      birds_counter[bird] += 1
```

このプログラムでは、リストbirdsにある鳥の数をカウントしようとしていま
す。5行目のdict()でbirds_counterという辞書を作成し、6行目からのfor in
文でbirdsから取り出した鳥の名前をキーとして、その出現回数に応じた値とペ
アにして要素を辞書に作成していこうと考えました。そこで、鳥の名前をbirds

Pythonのコレクションに強くなる

101

の中に見つけたところで、数をカウントするために値に1を足そうというのが7行目です。ところが、このプログラムを実行するとここでKeyErrorになります。

図3-15
キーが存在しないことを
示すKeyErrorで止まって
しまった

　これは、最初にbirdsからbirdに取り出した「鳩」が、birds_counterのキーとして存在しないからですね。このエラーを避けるために、先にキーが存在していることをチェックするようにします。そうすれば、キーが存在していない場合の処理を作れます。
　コード3-11の6行目以降を次のように書き換えました。

コード3-12　コード3-11にキーの存在をチェックする処理を追加したコード

```
06   for bird in birds:
07       if bird in birds_counter.keys():
08           birds_counter[bird] += 1
09       else:
10           birds_counter[bird] = 1
```

　birds_counter.keys()でbirds_counter辞書に存在するキーを取得できます。その中にいま処理しようとしている鳥の名前があれば（7行目）、+=1してカウントをインクリメントします（8行目）。そうでなかったら、= 1とします。これでキーは初期化され、値が1の新しいキーが追加されます。
　と、このように辞書を工夫して使うことでこのようにカウントすることができます。でもdefaultdictが存在しないキーにアクセスしたときにはデフォルト値を割り当ててくれることを知っていると、キーの存在チェックが不要になります。
　defaultdictを使って、コード3-12を書き直しました。カウント結果を出力するところまで含めて記述すると、次のようになります。

```
01   from collections import defaultdict
02
03   birds = ["鳩","雀","オウム","フクロウ","ペンギン","鳩",
                                            "オウム","雀"
04         ,"カモメ","カラス","雀","鳩"]
05
06   birds_counter = defaultdict(int)
07   for bird in birds:
08       birds_counter[bird] += 1
09
10   for k, v in birds_counter.items():
11       print(f"{k}: {v}")
```

　まずcollectionsモジュールからdefaultdictをインポートします。これを使っているのは6行目で

```
defaultdict(int)
```

と、引数にintを指定して変数birds_counterがdefaultdictを参照できるにしています。

　defaultdictの引数には初期化時に実行する関数を指定します。コード3-12では intとだけ書いていますが、これで

```
lambda: int()
```

とlambda（ラムダ）式を指定したことになります。int()は0を返すので、カウンタは0で初期化されます。ラムダ式について簡単に補足しておくと、これはPythonの無名関数（名前を付けずに定義する関数）のことを言います。

　二つ目のfor in文ではbirds_counterからitemsメソッドでキーと値をひと

つずつ取り出して、print関数で出力しています。

コード3-13を実行してみましょう。

図3-16
コード3-13でリスト内の
要素の出現回数をカウント
した結果

このようにdefaultdictを使うことで、より少ない手間でキーによるカウント
や集計ができます。

なお、defaultdictの引数に渡す関数と初期値の関係は次のようになります。

表3-3 defaultdictの引数に指定する関数と初期値

関数	初期値
int	0
list	[] (空のリスト)
dict	{} (空の辞書)
bool	False

イテラブルオブジェクトの要素数はCounterで

イテラブルオブジェクトの要素数をカウントするのに適したクラスも紹介しま
しょう。それにも、やはり辞書のサブクラスを使います。Counterです。

最初の例として、イテラブルオブジェクトである文字列からCounterを使って
文字の出現回数をカウントしてみます。ここでは英文を対象とします。

コード3-14 Counterクラスを使って文字列中の文字の出現回数を調べるプログラムの例

```
01   from collections import Counter
02
03   str = """I'm studying Python to work on production
                                          management.
04   I often ask ChatGPT to create sample programs for
                                          me."""
05   char_count = Counter(str)
06   for char, count in char_count.items():
07       print(f"文字: '{char}', 出現回数: {count}")
```

collectionsモジュールから、Counterをインポートしておきます。3行目および4行目で変数strに英文を代入していますが、Pythonで改行を含む長い文字列を記述する場合は、トリプルクォートを使います。クォート文字はシングルクォート（'）でもダブルクォートでもかまいません。

そして、その文字列を引数にCounterクラスのオブジェクトchar_countを生成します（5行目）。6行目からのfor in文で、char_countのキーと値を一つずつ取り出して出力します。実行すると次の画像のようになります。

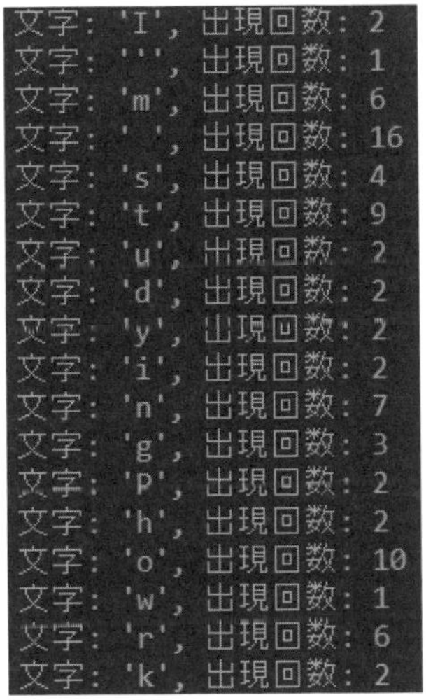

図3-17
コード3-14により文字の
出現回数を出力した結果
（冒頭部分の一部）

105

英文を扱う場合、文字数よりもワード数を数えるケースもあるでしょう。そこで、コード3-14を改変してワード単位で出現回数を調べるようにしてみました。以下のコードをコード3-14に追加してみましょう。

```
09    word_count = Counter(str.split())
10    for word, count in word_count.items():
11        print(f"単語: '{word}', 出現回数: {count}")
```

　ワード数を数えるので、変数名をchar_countとする代わりにword_countにしました。

```
str.split()
```

で文字列をリストの要素に分割しています。splitメソッドには、どの文字で分割するかを引数で指定することができます。省略すると空白（スペース）で分割します。これにより、英文を単語単位に切り分けるようとしています。
　これでキーが単語、値が出現回数の辞書形式のデータが取り出せます。10行目からのfor in文で、それを1語ずつ取り出して出力します。

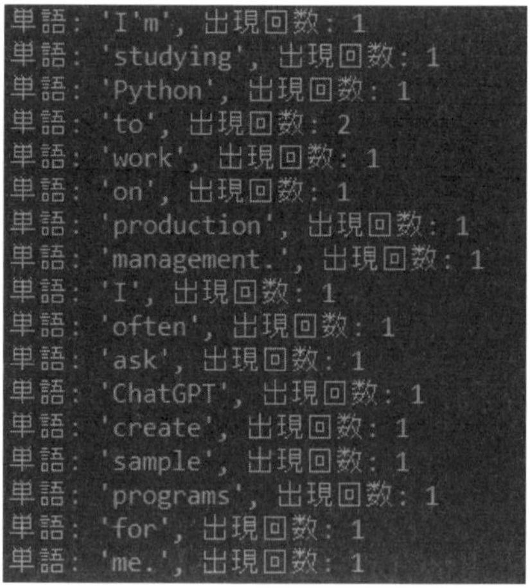

図3-18
英文の文字列をもとに単語単位で出現回数をカウントした結果

単純にスペースで区切っているだけなので、「I'm」が単語として出力されてしまっていますが、ここではこれ以上は追求しません。このように英文だと簡単に単語の数をカウントすることもできることを、ぜひ覚えておいてください。

　ここまでは文字列を扱いましたが、対象としてリストを扱うことも多いでしょう。そこで次に、リストに対してCounterのメソッドを使ってみます。二つのリストをもとに、リストを加工しながら要素を数えてみましょう。

コード3-15 Counterクラスを使ってリストの要素を数えるプログラムの例

```
01  from collections import Counter
02
03  group1 = ["鳩","雀","オウム","フクロウ","ペンギン","鳩",
                                   "オウム","雀"
04         ,"カモメ","カラス","雀","鳩"]
05
06  group2 = ["鳩","雀","オウム","フクロウ","ペンギン","キジ",
                                   "カモメ"
07         ,"雀", "カラス", "鳩", "カラス", "雀", "カラス"]
08
09  c1 = Counter(group1)
10  c2 = Counter(group2)
11
12  print(c1["鳩"])
13  print(sum(c1.values()))
14
15  c1.update(c2)
16  print(sum(c1.values()))
17
18  print(c1.most_common(3))
19
20  c1.subtract(c2)
21  print(c1.most_common(3))
```

Pythonのコレクションに強くなる

```
22
23    print(c1 & c2)
```

このプログラムでは、鳥のグループgroup1とグループ2から、Counter のオブジェクトをそれぞれ作ります。c1とc2です。ここで12行目のようにc1["鳩"]とCounter オブジェクトにキーを指定すると、その数がわかります。

図3-19　c1["鳩"]の出力

c1["鳩"]はこのように3を返しました。

さて、ここからがCounter オブジェクトのメソッドです。sum関数を使用してCounter オブジェクトのvaluesメソッドの結果である値を合計することで、グループにいる鳥の数がわかります。12羽いますね。

updateメソッドを使用すると、二つのCounter オブジェクトを結合することができます（15行目）。結合後のsum関数の出力結果は25です。

most_commonメソッドはCounter オブジェクトの中でカウントが多い項目を上位から取り出すことができます。18行目の

```
c1.most_common(3)
```

のように引数に3を指定すると、上位3項目である

```
[('雀', 6), ('鳩', 5), ('カラス', 4)]
```

を返します。

subtractメソッドは引き算をします。20行目にある

```
c1.subtract(c2)
```

は c1 から c2 を減算します。この演算をしたあと

```
c1.most_common(3)
```

を21行目でもう一度実行すると

```
[('鳩', 3), ('雀', 3), ('オウム', 2)]
```

を返すようになりました。

最後 (23行目) の

```
c1 & c2
```

は論理積を取ります。c1、c2 いずれにもある要素が抽出されるので、出力結果
は出現回数を伴った

```
Counter({'雀': 3, '鳩': 2, 'オウム': 1, 'フクロウ': 1, 'ペンギ
ン': 1, 'カモメ': 1, 'カラス': 1})
```

のようになります。

> 新田　コレクションのデータ型にはクラスと機能がたくさんあって、とても使
> 　　　いこなせるような気がしません
> 竜崎　そうだな。そう言いたくなる気持ちもわかるよ。何か目的を持ってプ
> 　　　ログラムを作り始められればいいんだが、勉強のための勉強だけだと
> 　　　難しいな
> 荒田　（とてもじゃないけど、今は実践したところで理解できるような気がし
> 　　　ないなあ……）

Pythonのコレクションに強くなる

Chapter

4

プログラムの
ロジックを作る

新田　今日は金曜日だし飲みにでも行かね？　今週はPythonの勉強ばかり
　　　してたしさ

荒田　でも土日の間にやるようにって宿題出たよね

新田　「電子帳簿保存法にちなんだ宿題です」って講師の先生がなんかうれ
　　　しそうに出題してたよね。社会人になっても宿題が出るなんて思わな
　　　かったよ

荒田　まあ、俺たちまだ半人前だし

新田　じゃあ早く片付けて、それから飲みに行くか

研修で出た宿題

　電子帳簿保存法にちなんだ問題です。次の要件を満たすプログラムを作成してください。

　「請求書」フォルダに得意先ごとの各月の請求書のPDFファイルがたくさんあります。「請求書」フォルダのある場所はサーバーやNASかもしれませんが、ドライブとして割り当ててあるのでパソコンのフォルダと同様に操作できると考えてください。

　ファイル名は得意先名＋年4桁＋月2桁で構成されています。拡張子はpdfです。たとえば次のようなファイルがあります。

- 大木商事202311.pdf
- アルキテック202312.pdf
- 玉山鉄工202401.pdf

　これらのPDFファイルを「請求書」フォルダに下に年月ごとのサブフォルダを作成して整理してください。つまり、ファイル名の年月と一致するフォルダが請求書フォルダにないときは作成し、該当のファイルを移動してください。フォルダが存在するときは、ファイルを移動するだけです。

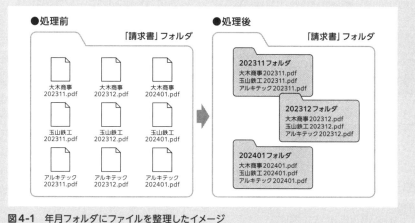

●処理前　　　　　　　　　　　　　「請求書」フォルダ　　　●処理後　　　　　　　　　　　　「請求書」フォルダ

大木商事
202311.pdf　　大木商事
202312.pdf　　大木商事
202401.pdf

玉山鉄工
202311.pdf　　玉山鉄工
202312.pdf　　玉山鉄工
202401.pdf

アルキテック
202311.pdf　　アルキテック
202312.pdf　　アルキテック
202401.pdf

202311フォルダ
大木商事202311.pdf
玉山鉄工202311.pdf
アルキテック202311.pdf

202312フォルダ
大木商事202312.pdf
玉山鉄工202312.pdf
アルキテック202312.pdf

202401フォルダ
大木商事202401.pdf
玉山鉄工202401.pdf
アルキテック202401.pdf

図4-1　年月フォルダにファイルを整理したイメージ

プログラムのロジックを作る

新田　グラブでPDFファイルだけを取り出して、メイクディアイアールでフォ
　　　ルダを作成して、ムーブで移動するをforループで繰り返す、でいいん
　　　じゃねえ。おっと、イクジストでフォルダの存在を確認も必要か

荒田　新田くん、すごいね。いつの間にそんなに勉強したの?

新田　ファイル操作は今日の研修で習ったじゃん。荒田、聞いてなかった
　　　の?

荒田　聞いてたけど

新田　今日の資料見直してみろよ

ファイルやフォルダの操作に便利な関数

　二人が受けた本日の新人研修の内容はファイルやフォルダ（ディレクトリ）の操作に関する解説でした。荒田くんたちが教わった関数がどんなものだったか、皆さんにも見ていただきましょう。

■ glob.glob(パス名)

　globモジュールのglob関数はファイルのリストを返します。パスにはファイルの存在するフォルダとパターンを指定します。たとえば、*.pdfというワイルドカード (*) を含むパターンを指定すると、PDFファイルだけを列挙します。

　サンプルコードを見てみましょう。

```
01  import glob
02  print(glob.glob(r".\請求書\*.pdf"))
```

　図4-1のように「請求書」フォルダにPDFファイルがすべてある状態でこのコードを実行すると、次のようなリストが出力されます。

```
['.\\請求書\\アルキテック202311.pdf', '.\\請求書\\アルキテック
202312.pdf', '.\\請求書\\アルキテック202401.pdf', '.\\請求書\\
大木商事202311.pdf', '.\\請求書\\大木商事202312.pdf', '.\\請求
書\\大木商事202401.pdf', '.\\請求書\\玉山鉄工202311.pdf', '.\\
請求書\\玉山鉄工202312.pdf', '.\\請求書\\玉山鉄工202401.pdf']
```

■ shutil.move(移動元、移動先)

　ファイルやフォルダの操作をする関数は主としてshutilモジュールやosモジュールにあります。その中からまず、ファイルを移動させるのに使うshutilモ

ジュールのmove関数を取り上げます。

　たとえば、請求書フォルダのアルキテック202311.pdfを請求書\202311サブフォルダに移動するにはshutilモジュールをインポートしたうえで、move関数を実行します。

```
01   import shutil
02   shutil.move(r".\請求書\アルキテック202311.pdf", r".\請求書
                                              \202311")
```

■ shutil.copy(コピー元、コピー先)

　shutilモジュールのcopy関数はファイルをコピーします。移動ではなく元のファイルも残るようにコピーをしたいときは、次のようにcopy関数を使います。

```
01   import shutil
02   shutil.copy(r".\請求書\アルキテック202311.pdf", r".\請求書
                                              \202311")
```

■ os.mkdir (パス)

　osモジュールのmkdir関数はディレクトリ（フォルダ）を作成します。

■ os.rmdir (パス)

　mkdirがディレクトリを作る関数なら、osモジュールのrmdir関数はディレクトリ（フォルダ）を削除する関数です。

■ os.rename (古い名前, 新しい名前)

　osモジュールのrename関数はファイル名を変更します。

■ os.remove (パス)

　ファイルを削除する場合は、osモジュールのremove関数を使います。

プログラムのロジックを作る

■ os.chmod（パス，モード）

　osモジュールのchmod関数はモード（アクセス権限）を変更します。Windowsユーザーは普段あまり意識することがありませんが、ファイルやディレクトリ（フォルダ）にはアクセス権限があります。Unix系のOSではユーザーやグループに分けて、読み込み権や書き込み権、実行権などを細かく設定します。PythonではそういったOS上でファイル操作をする場合に、os.chmod()でアクセス権限を設定します。

■ os.path.abspath(パス)

　os.pathモジュールのabspath関数は絶対パスを取得します。たとえば

```
os.path.abspath(r".\請求書\アルキテック202311.pdf")
```

とすると、指定したファイルの絶対パスをドライブ文字を含めて

```
C:\Users\（ユーザー名）\Documents\Python脱初心者本\prg\04\請求
書\アルキテック202311.pdf
```

のように取得できます。
　ちなみに

```
.\請求書\アルキテック202311.pdf
```

のようにカレントディレクトリを起点にファイルのパスを示す方法を相対パス指定と言います。そして、c:\のようなドライブ文字を含めすべてのパスを記述してファイルのありかを示す方法を絶対パス指定と言います。

■ os.path.dirname(パス)

　os.pathモジュールのdirname関数はディレクトリ名を取得します。たとえば

```
os.path.dirname(r".\請求書\アルキテック202311.pdf"))
```

とすると

```
.\請求書
```

を返します。

■ os.path.basename(パス)

os.pathモジュールのbasename関数はファイル名を取得します。

```
os.path.basename(r".\請求書\アルキテック202311.pdf")
```

は、ファイル名の「アルキテック202311.pdf」を返します。

■ os.path.split(パス)

os.pathモジュールのsplit関数はパスをディレクトリとファイル名に分割します。たとえば

```
os.path.split(r".\請求書\アルキテック202311.pdf")
```

と記述すると

```
('.\\請求書', 'アルキテック202311.pdf')
```

のようにタプルを返します。

もちろん、次のように

```
os.path.split(r"C:\Users\ユーザー名\Documents\Python脱初心者本
\prg\04\請求書\アルキテック202311.pdf")
```

と絶対パスで指定すれば、絶対パスとファイル名が次のように返ってきます。

```
('C:\\Users\\ユーザー名\\Documents\\Python脱初心者本\\
prg\\04\\請求書', 'アルキテック202311.pdf')
```

■ os.path.splitext(パス)

os.pathモジュールのsplitext関数はパスを拡張子と分割します。

```
os.path.splitext(r".\請求書\アルキテック202311.pdf")
```

はタプルで

```
('.\\請求書\\アルキテック202311', '.pdf')
```

を返します。

■ os.path.splitdrive(パス)

os.pathモジュールのsplitdrive関数はパスをドライブ名とそれ以降で分割します。引数のファイルパスを

```
os.path.splitdrive(r"C:\Users\ユーザー名\Documents\Python脱初
心者本\prg\04\請求書\アルキテック202311.pdf"))
```

と絶対パスで指定するとタプルで

```
('C:', '\\Users\\ユーザー名\\Documents\\Python脱初心者本\\
prg\\04\\請求書\\アルキテック202311.pdf')
```

が返ってきます。

■ os.path.exists(パス)/os.path.isfile(パス)/os.path.isdir(パス)

パスを見てブール値を返す関数をまとめて紹介します。まず、os.pathモジュールのexists関数は指定したパスが存在するかTrue/False（真／偽）で返

します。

　isfile関数はパスがファイルであるかを判断して True/Falseで返します。

　isdir関数はパスがディレクトリであるかを調べて True/Falseで返します。

■ os.path.getsize(パス)

　os.path モジュールの getsize関数はファイルのサイズを取得します。

```
os.path.getsize(r".\請求書\アルキテック202311.pdf")
```

は、106278といったようにバイト単位の値を返します。

プログラムのロジックを作る

ファイル操作のコーディング

こうした関数を使って、フォルダ内のファイルを整理せよというのが宿題です。

> 荒田　習ったことは大体わかるんだけど、それをどうやって組み合わせてプログラムにしていくかがわからないんだよ
> 新田　それは、作りながら考えるしかないんじゃないか？

新田くんはノートパソコンに向かいます。

> 新田　インポートするモジュールはglob、shutil、osの三つだ

コード4-1　新田くんが作り始めた宿題用のプログラム（冒頭のみ）

```
01   import glob
02   import shutil
03   import os
04
05
06   for orig_obj in glob.glob(r".\請求書\*.pdf"):
07       print(orig_obj)
```

> 新田　ここまで作ったぞ。globに相対パスとファイルのパターンを指定して一覧をリストとして取得するところまでできたよ。確認用に取得した値を出力するようにしてみたんだけどどうかな？

for in 句を使って、取得したファイルを一つずつ処理していくわけですね。

荒田　いったん実行してみたら？

図4-2
glob(r".\請求書*.pdf")
で取得したファイルを出力

新田　ここまではよさそうだな。次はフォルダが存在するかどうかを調べる
　　　ために、ファイル名の後ろ6文字を取り出せば良いんだけど
荒田　os.path.basename関数でファイル名を取得して、splitext()で拡張
　　　子と分ける、かな

```
09   for orig_obj in glob.glob(r".\請求書\*.pdf"):
10       print(os.path.splitext(os.path.basename(orig_obj))
                                                        [0])
```

os.path.basename()はファイル名を返します。それをos.path.splitext()で
ファイル名と拡張子に分けます。splitext()は

```
('アルキテック202311', '.pdf')
```

のようなタプルを返すので、インデックス[0]を指定することで、このタプルから
ファイル名のみを切り出したように取得できます。

02
03
04
05
06
07

プ
ロ
グ
ラ
ム
の
ロ
ジ
ッ
ク
を
作
る

図4-3
os.path.splitext(os.
path.basename(orig_
obj))[0]の出力

荒田　そして、昨日勉強したスライス操作を使うと、文字列の後ろから文字
数を指定して部分文字列を取り出せる、ようだね

スライス操作で値を取り出す処理を作る

　Pythonではリストやタプルの一部を取り出すのにスライス操作が大変有用
で、実際にさまざまなプログラムで多用されています。リストやタプルと同様に、
イテラブルオブジェクトである文字列からも部分文字列を取り出すことができ
ます。これをファイル名から年月を取り出すのに利用できます。それをどのよう
にプログラムにするか考えていきましょう。
　このスライス操作はchapter3で取り上げましたが、ここでもう一度リストの
スライス操作を確認しておきます。

コード4-2　スライス操作の復習用プログラム

```
01  lst_a = [1,2,3,4,5,6,7,8,9,10]
02
03  print(lst_a[0:5])
04  print(lst_a[:5])
05  print(lst_a[5:])
```

　このプログラムでは1から10の整数を要素とするリストを作成します。そして、
スライス操作でリストの一部を取り出しprint関数で出力します。

```
[1, 2, 3, 4, 5]
[1, 2, 3, 4, 5]
[6, 7, 8, 9, 10]
```

図4-4
コード4-2の実行結果

3行目の

```
lst_a[0:5]
```

は、インデックスが0から4（5の手前まで）の要素を返します。次の

```
lst_a[:5]
```

は先頭からインデックスが4までの要素を返します。書き方は異なりますが、指し示す範囲は3行目と同じなので出力も同じです。5行目の

```
lst_a[5:]
```

はインデックスが5の要素から最後までを返します。

コード4-2にはないような「途中から途中まで」、たとえばインデックスが2から6までの要素を取得するには、lst_a[2:7]のように指定します。

次に後ろから要素を取得するスライス操作を見ていきましょう。

コード4-3　後ろから要素を取得するスライス操作の例

```
01  lst_a = [1,2,3,4,5,6,7,8,9,10]
02
03  print(lst_a[-1])
04  print(lst_a[-5:-1])
05  print(lst_a[-5:])
```

後ろから要素を取得するには、インデックスをマイナス値にします。このコードの実行結果を見てください。

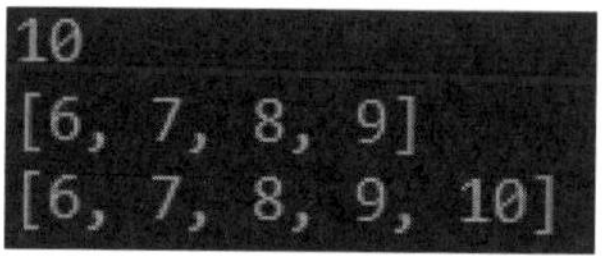

```
10
[6, 7, 8, 9]
[6, 7, 8, 9, 10]
```

図4-5
コード4-3の実行結果

3行目の

```
lst_a[-1]
```

は最後の要素を取得します。4行目の

```
lst_a[-5:-1]
```

だと

```
6, 7, 8, 9
```

が返ってきていますが、スライス操作についてはここが少し混乱しやすいところ
ですね。

　Pythonの公式ドキュメント[*1]の説明をお手本に解説しましょう。スライスの
使い方を覚える良い方法は、インデックスが要素と要素の間 (between) を指し
ており、最初の要素の左端が0だと考えることです。

＊1　https://docs.python.org/ で参照できます。

要素	A	B	C	D	E	F	
インデックス（前から）	0	1	2	3	4	5	6
インデックス（後ろから）	-6	-5	-4	-3	-2	-1	

図4-6　インデックスと要素の関係

このように、インデックスが要素の間を指していると考えると

```
[0:4]
```

と範囲を指定することにより、AからDまでを取り出せるということがよくわかります。リストの一部を前から取得する場合も後ろから取得する場合も、どうインデックスを指定すればいいかは同じであると考えることができますね。後ろからのインデックスで指定する場合、-0はないので最後の要素も含めて取得するときは

```
lst_a[-5:]
```

のようにします。

ファイル名から年月を取り出す処理を作る

ここまでスライス操作についてリストを題材に説明しましたが、これと同じことが文字列でもできるわけです。新田くんの宿題に戻りましょう。

新田　そうすると次は、たとえば「アルキテック202311」の後ろから6文字取り出せばいいってことだな

コード4-1では次がスライス操作です。取得したファイル一覧の各要素からファイル名と拡張子に分割し、ファイル名の後ろから年月を示す文字列を取り出します。ここだけをコードにすると

```
os.path.splitext(os.path.basename(orig_obj))[0][-6:]
```

となります。年月に相当するのは後ろから6文字なので、取り出したい範囲を-6:としています。

これで202311、202312、202401という風に文字列が取得できます。

```
202311
202312
202401
202311
202312
202401
202311
202312
202401
```

図4-7
各ファイル名の後ろから6文字をそれぞれ取得したところ

では、これを宿題のプログラムにコーディングします。いったんここでプログラムを見ておきましょう。

コード4-4 新田くんの宿題用プログラム（その1）

```
01  import glob
02  import shutil
03  import os
04
05
06  for orig_obj in glob.glob(r".\請求書\*.pdf"):
07      dest_dir = r".\請求書\\" + os.path.splitext(os.
                            path.basename(orig_obj))[0][-6:]
```

コード4-1の7行目を、確認用のデバッグコードから年月を取り出すように書き換えた状態です。スライス操作で後ろから6文字を取り出したら

```
.\請求書\\
```

を連結してdest_dirという変数に入れます。これが移動先のディレクトリです。6行目および7行目で文字列の先頭に付けているrは、続く文字列の中にエスケープシーケンスとして解釈できる文字があっても、そう解釈せずにraw文字列（生の文字列）としてそのまま扱えという指定です。これで

```
.\請求書\202311
```

というディレクトリ名ができるわけです。ここで先頭の「.」はカレントディレクトリを表します。この場合、カレントディレクトリはプログラムが存在するディレクトリです。

　さて、移動先のディレクトリを取得できました。次は、ファイルを移動させる処理になりますが、その前にそのディレクトリがすでに存在しているかどうかを調べなくてはなりません。初めてその年月のファイルを取り上げるときには、行き先となるディレクトリがありません。存在しないディレクトリを移動先に指定するとエラーになるので、プログラムとしては

① 行き先のディレクトリがあれば、そこにファイルを移動する

② なければディレクトリを作成して、そこにファイルを移動する

という手順を踏む必要があります。そこで、os.path.exists() を使います。

```
os.path.exists(dest_dir)
```

ですでに該当するサブディレクトリが存在するとわかれば、shutil.move関数で
PDFファイルを移動します。存在しなければ、os.mkdir関数でdest_dirが示
すディレクトリを作成してからファイルを移動します。この処理は、6行目からの
for in文の中に実装します。具体的なコードで見てみましょう。

コード4-5 新田くんの宿題用プログラム（その2）

```
01  import glob
02  import shutil
03  import os
04
05
06  for orig_obj in glob.glob(r".\請求書\*.pdf"):
07      dest_dir = r".\請求書\\" + os.path.splitext(os.
                          path.basename(orig_obj))[0][-6:]
08      if os.path.exists(dest_dir):
09          shutil.move(orig_obj, dest_dir)
10      else:
11          os.mkdir(dest_dir)
12          shutil.move(orig_obj, dest_dir)
```

　このプログラムを実行してみようと思います。まず、実行前の「請求書」フォル
ダの状態を見てください。

名前	更新日時	種類	サイズ
アルキテック202311.pdf	2023/12/15 18:22	Adobe Acroba 文書	104 KB
アルキテック202312.pdf	2023/12/15 18:22	Adobe Acroba 文書	104 KB
玉山鉄工202311.pdf	2023/12/15 18:22	Adobe Acroba 文書	104 KB
玉山鉄工202312.pdf	2023/12/15 18:22	Adobe Acroba 文書	104 KB
大木商事202311.pdf	2023/12/15 18:22	Adobe Acroba 文書	104 KB
大木商事202312.pdf	2023/12/15 18:22	Adobe Acroba 文書	104 KB
アルキテック202401.pdf	2023/12/15 18:22	Adobe Acroba 文書	104 KB
大木商事202401.pdf	2023/12/15 18:22	Adobe Acroba 文書	104 KB
玉山鉄工202401.pdf	2023/12/15 18:22	Adobe Acroba 文書	104 KB

図4-8　プログラム実行前の「請求書」フォルダ

このプログラムを実行すると、請求書フォルダにあるPDFファイルがすべて年月ごとのサブフォルダに整理されます。

名前	更新日時	種類	サイズ
202311	2023/12/20 11:42	ファイル フォルダー	
202312	2023/12/20 11:42	ファイル フォルダー	
202401	2023/12/20 11:42	ファイル フォルダー	

図4-9　「請求書」フォルダ内のPDFファイルが年月ごとのフォルダに分類された

荒田　新田くん、すっごいや！こんな短いコードでこれだけできるんだ

新田くんは自慢気に鼻を膨らませて「さあ、飲みに行こうぜ」と席を立ちました。

洗練されたコーディング

　そんな新田くんは帰り際、竜崎主任を見つけて挨拶をします。「竜崎さん、お先に失礼します」と声にも一段と張りが加わります。

　竜崎　おっ、今日は早いな
　新田　はい、もう休みの間の宿題もできたんで！
　竜崎　ほう、優秀だな
　新田　でしょ。もし良かったら、作ったプログラム見てもらえますか
　荒田　（ありゃ、新田のやつ、竜崎さんに向かって自慢する気だよ。どうなっても知らないよ？）

　新田くんはあらためてノートパソコンの画面を開き、竜崎主任に自分が作ったプログラムを自信満々に見せています。でも……、しばらくあって「エレガントじゃないな」と竜崎主任は顔をしかめました。

　新田　竜崎主任はプログラムにエレガントさなんて抽象的なものを求めるんですか？
　荒田　（新田のやつ、自分のプログラムをけなされたと思ってイラついているよ）
　竜崎　じゃあ言葉を変えよう。洗練されていない。もっと効率の良いプログラムを書きたくないか
　新田　こんなに少ない行数で処理を実現したのに、どこが効率が悪いっていうんですか！
　竜崎　じゃあ、俺も同じ処理を書いてみるから、少し待ってろ
　荒田　（ああ、今日は飲みにいけそうにもないなあ）

辞書を作って集約する

　荒田くんは時間がかかるのではと心配していましたが、ほどなく竜崎さんは「これを見てみろ」とコードを見せてくれました。

コード4-6　竜崎さんの手による宿題用プログラム

```
01  import glob
02  import shutil
03  import os
04
05
06  dir_files ={}
07
08  for orig_obj in glob.glob(r".\請求書\*.pdf"):
09      dest_dir = r".\請求書\\" + os.path.splitext(os.
                          path.basename(orig_obj))[0][-6:]
10      dir_files.setdefault(dest_dir,[])
11      dir_files[dest_dir].append(orig_obj)
12
13  for dest_dir in dir_files.keys():
14      os.mkdir(dest_dir)
15      for orig_obj in dir_files[dest_dir]:
16          shutil.move(orig_obj, dest_dir)
```

竜崎　辞書を使って同じ処理を書いてみた

新田　僕の書いたコードより竜崎さんのコードの方が、行数が多いじゃないですか

竜崎　行数は確かにそうなんだが、そう簡単な話じゃない。まあ聞け

竜崎さんの作ったプログラムは辞書を使ったプログラムです。6行目の

```
dir_files ={}
```

で辞書を宣言しています。8行目からのfor in文の冒頭で、glob関数でPDFファイルのリストを取得するところや、ファイル名から年月を取得してサブディレクトリのパスを作るロジックは新田くんのプログラムと同じですが、その後が違います。

10行目に注目してください。辞書dir_filesのsetdefaultメソッドの引数にはキーと値を指定するのですが、第一引数として「請求書\年月」のサブディレクトリをキーに、そして第二引数として値に空のリスト（[ ]）を値に渡しています。辞書のsetdefaultメソッドはキーが存在しない場合、要素としてキーと値を追加してくれます。すでにキーが存在する場合は、何もしません。結果として新規のキーのときに、キーと空のリストを追加するという動作になります。

次に11行目で

```
dir_files[dest_dir]
```

によりキーを指定して、リストのappendメソッドを実行します。11行目のコードでは辞書の値である移動すべきファイルのパスのリストに、8行目のfor in文でorig_objに取り出したファイル名（パス）を追加します。

forループですべてのPDFファイルに対してこの処理を実行すると、dir_files辞書は次のようなイメージでキーおよび値となるリストのペアを持ちます。

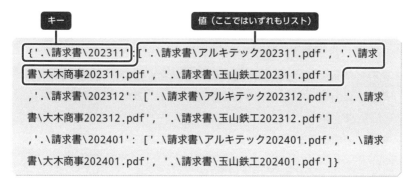

Pythonではこの例のように、キーで何かを収集したり、値を集計したりするために辞書型のデータを使うことが頻繁にあります。このような辞書の活用例は、ぜひ覚えておいてください。

　次のforループ（13行目以降）では、辞書からキーを取り出して、mkdir関数でサブディレクトリを作成し、値であるリストから、移動元のファイルパスを取り出して、move関数でファイルを移動しています。この時点でディレクトリは作られていないことがわかっているので、行き先のディレクトリの有無を調べる必要がありません。

竜崎　確かに行数は重要だ。同じことをするならプログラムの行数は少ない方がバグ（プログラムの欠陥）は出にくい。だから行数だけなら、新田のコードの方が優れている。しかし、処理の効率という観点から見るとそうじゃない

新田　処理の効率ですか？

竜崎　そうだ。新田のプログラムはファイル名を一つ取り出すたびに年月のサブディレクトリが存在するか、if文で調べているだろう。俺のプログラムは最初のループで全ファイルを見てサブディレクトリをキーとする辞書を作り、そのキーを指定してファイル名をリストに集めている

新田　……

竜崎　そして二つ目のループで一度にサブディレクトリを作り、ファイルを移動するので処理の効率が良い

新田　はあ？

竜崎　このサンプルだとファイルの数が少ないから気にならないが、実際の要件ではファイル数は比較にならないほど大量にあり、年月もバラバラでもっとパターンがあるだろう。少なくとも、そういう状況を想定する必要がある。そのときに新田のやり方と俺のやり方のどちらが処理の無駄がないと思う？

荒田　なるほどですね。いちいちif文でサブディレクトリが存在するかどうか確かめるのが無駄ってことか……

竜崎　そうだ。それだけ処理時間も長くなる。if文で条件分岐を作るのは簡

単なんだが、if 文を使いすぎるとロジックが複雑になってわかりにくくなる。それが思わぬバグを作ってしまうことがあるんだ。行数もそうなんだが、なるべく if 文を減らす努力も必要だと覚えておいてくれ

新田　うーん、でもやっぱり僕の作ったプログラムの方がわかりやすいと思うんだけど……

竜崎　それは否定しないぞ。研修の練習問題の答えとしては正解だと思う。間違っているわけじゃないしな。わかってほしいのはいろいろなロジックを考えることの意味だ。もっといいやり方がないか、いつも考えてほしい

荒田　竜崎さん、プログラミングっておもしろいですね。同じ処理をいろいろな書き方で実現できるんですね

竜崎　そうだ。処理速度や安全性、コードの量や読みやすさ、そういったいろいろな条件を天秤にかけてプログラムのロジックを考えられるようになったら一人前だ

ちょっとプログラミングに興味が出てきた荒田です。僕も宿題プログラムは作らなくてはなりません。そこで自分でも考えてみたところ、ちょっと前に竜崎さんに教えてもらった辞書のサブクラスdefaultdict*2 を使ったらもっと簡単に書けるんじゃないかと思ってコードを書いてみました。

```
01    import glob
02    import shutil
03    import os
04    from collections import defaultdict
05
06    dir_files = defaultdict(list)
07
08    for orig_obj in glob.glob(r".\請求書\*.pdf"):
09        dest_dir = r".\請求書\\" + os.path.splitext(os.
                              path.basename(orig_obj))[0][-6:]
10        dir_files[dest_dir].append(orig_obj)
11
12    for dest_dir in dir_files.keys():
13        os.mkdir(dest_dir)
14        for orig_obj in dir_files[dest_dir]:
15            shutil.move(orig_obj, dest_dir)
```

　初期化時にdefaultdict()の引数にlistを指定できるので、竜崎さんの作ったサンプルに比べて、dir_files.setdefault(dest_dir,[])の行が削除できるだけだったんですけどね。でもまあ、自分でも考えて工夫してみたってことで、意味はあるかなって。

---

*2　くわしい説明は、101ページを参照してください。

Pythonらしいコード
らしくないコード

荒田　Python入門の講習も今日で終わりだね

新田　俺たち結構勉強したよな。理系とか院卒の人たちに残念な目で見られるのもう嫌だし

荒田　竜崎さんにいろいろ教えてもらえて、よかったよね

新田　さて、今日の講習内容は何だろうな。「Pythonプログラムの正しい書き方とPythonらしい表記や関数」か。じゃあ何か？ 今までに書いたコードは正しい書き方じゃなかったってのか？

荒田　うーん、どうだろう。あっ、もう始まるよ

Python流
コーディングの"流儀"

　Pythonの生みの親であるグイド・ヴァンロッサム（Guido van Rossum）が中心となり、PEP8[*1]として広く知られているサイトを通じて、Pythonコードのスタイルガイドを公開しています。PEPはPython Enhancement Proposalsの略です。

　最初の教えは「一貫性にこだわりすぎるのは、狭い心の現れである」という寛容さを説くものです。ですから、このスタイルガイドにがんじがらめに縛られる必要はありません。でも、多くのプログラマが同じスタイルでコードを書いたほうが、読む人にとっては効率が良いのは確かです。こうしたスタイルガイドがあり、それに沿ってコーディングするのが望ましいと覚えておいてください。ここではガイドラインから代表的な項目として

- import文は最初に書き、ライブラリは一つずつインポートする
- タブではなくスペースでインデントする
- 各レベルともスペース4個でインデントする

＊1　https://pep8-ja.readthedocs.io/ja/latest/

- 関数とクラスの間には2行の空白行を入れる
- クラスの中ではメソッドは1行の空白行で分ける
- 関数呼び出し、インデックス、キーワード引数の前後にスペースを入れない

について見ていきましょう。

import文は最初に書き、ライブラリは一つずつインポートする

　PEP8のスタイルガイドでは、すべてのimport文をファイルの先頭に配置し、1行で一つのライブラリをインポートすることを推奨しています。

　つまり、たとえインポートするライブラリの名前が単純で短くても

```
import sys, os
```

のように1行で複数のライブラリをインポートするのは適切ではありません。次のように一つずつインポートしましょうということです。

```
import sys
import os
```

■ **タブではなくスペースでインデントする**

　インデント（水平方向の字下げ）はタブではなく、スペースを4つ入れるようにと推奨されています。たとえばVS Codeの場合、デフォルトでTabキーを1回押し下げることでスペースが4つ入るように設定されています。

図 5-1 VS Codeの場合はメニューから「ユーザー設定」→「設定」とたどり、タブの設定を検索して開くと、挿入するスペースの数が4であることを確認できる

このように開発環境によっては、気にせずに Tab キーでインデントしてかまいません。要は、入力するときのキーがどうかではなく、作成したプログラム中にタブが残されていないこと、その代わりインデントにはスペース4個が使われていればいいのです。

もちろん、この設定を2に直してインデントの幅を短くすることもできます。それでもプログラムは動きます。自分の好みを無理に抑えて我慢する必要はないのですが、ガイドラインに従うことでタブの記述を統一できるというメリットがあります。最も避けたいのは、あるときは Tab キーでインデントし、あるときは Space キーでインデントするような入力です。インデントにタブを使ったり、スペースを使ったりを無造作に混在させていると、レベルの間違いが発生し、プログラムが意図通りに動かなくなることが起こりがちです。"混ぜるな危険"です。ツールによる入力支援には、ガイドラインを守れると同時に、こうした入力の不備を未然に防ぐという効果もあります。

■ 各レベルともスペース4個でインデントする

この項目は、次のコードのようにどのインデントレベルも同じ数のスペースでそろえるということを求めています。

```
01  class MyClass():
02  □□□□def __init__(self):
03  □□□□□□□□self.prop = "my class"
```

インデントが深くなってくると

```
01  class MyClass():
02  ____def __init__(self):
03  _____self.prop = "my class"
```

のようにスペースを詰めたくなるかもしれませんが、危険なのでやめましょう。

■ 関数とクラスの間には2行の空白行を入れる

次のプログラムでは、class MyClass()によるクラス宣言とdef main()による
main関数の宣言の間に2行の空白行を入れています。

コード5-1 クラス宣言とmain関数を記述したプログラムの例（coding_style_01.py）

```
01  import sys
02  import os
03
04  class MyClass():
05      def __init__(self):
06          self.prop = "my class"
07
08      def method1(self, arg):
09          print(f"{self.prop} {arg}")
10  ┐
    │  2行空けている
11  ┘
12  def main():
13      cls1 = MyClass()
14      cls1.prop = "cls1"
15      cls1.method1("was created")
16
17
18  if __name__ == "__main__":
```

Pythonらしいコード　らしくないコード

```
19        main()
```

■ クラスの中ではメソッドは1行の空白行で分ける

この項目も、コード5-1のプログラム中確認できます。具体的には、MyClass()内の初期化メソッド__init__()とmethod1()の間の1行です（7行目）。

■ 関数呼び出し、インデックス、キーワード引数の前後にスペースを入れない

PEP8のドキュメントに「イライラの元」としてまとめてある余計な空白文字の入れ方を紹介します。前後の文字との区切りを入れて読みやすくするというのが空白文字を入れる理由ですが、あまり使いすぎるとかえって読みにくくなるためです。同じコードで避けるべき記述、望ましい記述を見比べてみましょう。

```
①
spam( ham[ 1 ], { eggs: 2 } )  …… ✕ 余計な空白文字があります
    ↓
spam(ham[1], {eggs: 2})  …… ◎

②
bar = (0, )  …… ✕ カンマの後ろに余計な空白文字があります
    ↓
bar = (0,)  …… ◎ タプルやリストの最後の要素の後ろにカンマを付け
                   ることでミスを防ぐための良い方法です

③
if x == 4 : print(x , y) ; x , y = y , x
          …… ✕ カンマの前に余計な空白文字があります

    ↓
if x == 4: print(x, y); x, y = y, x          ……◎
```

変数の値を入れ替えるコード

ちょっと横道にそれますが、Pythonでは

```
x, y = y, x
```

と書くことで、二つの変数の値を入れ替えることができます。

```
01   x = 1
02   y = 2
03   x, y = y, x
```

このコードを実行すると、xの値は2にyの値は1になります。Pythonの場合は
このように一発で値を入れ替えられますが、次のように一時的な変数を経由する必
要があるようなプログラミング言語もあります。

```
01   x = 1
02   y = 2
03   tmp = x
04   x = y
05   y = tmp
```

Pythonは

```
x, y = y, x
```

のようなことをしたい場合、タプルを経由することで直接、値を入れ替えることがで
きるようになっています。この例のように、y, xと変数を並べるとタプルとして扱わ
れるからです。

もう少し"余計なスペース"のコード例を見ていただきましょう。

```
④
spam (1)      …… ×  関数呼び出しの開き括弧の直前に空白を入れている
 ↓
spam(1)       …… ◎


⑤
dct ['key'] = lst [index]     …… ×  インデックスやスライスの開き
                                     括弧の直前に空白を入れている

   ↓
dct['key'] = lst[index]       ……◎
```

何ごともキチンとそろえたいと思う人はいるようですが、次のようにスペースを入れるのはやり過ぎです。

```
⑥
x             = 1
y             = 2
long_variable = 3
     ↓
x = 1
y = 2
long_variable = 3
```

可読性は大事ですが、プログラム内の記述でここまでこだわるのが"狭い心"なのかもしれませんね。

プログラムの構造

さて、これまでのサンプルプログラムは行数が少ないこともあり、やりたいことを上から順に書くだけで問題なくコーディングできていましたが、複雑なプログラムになるとそういう訳にもいきません。

コードを書く順番として、広く使われているパターンについて説明します。一つのプログラムファイル（モジュールといいます）に必要なコードを全部記述するケースの例です。

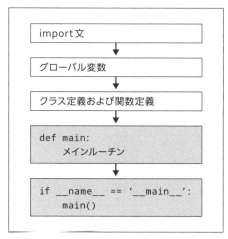

図5-2　一般的なプログラムの構造

PEP8 のガイドラインにあったように、import 文は最初に書きます。

その次にプログラム全体で使うグローバル変数を宣言します。グローバル変数はプログラム全体に対して宣言する変数です。グローバル変数と対になるのはローカル変数です。ローカル変数は関数内やブロック内で宣言する変数です。変数のスコープ（有効範囲）がグローバル、ローカルで違うのですね。グローバ

ルはスコープがプログラム全体です。このため、グローバル変数はこの位置で宣言します。

　次にコード5-1のcoding_style_01.pyのように、クラス定義およびmain関数の中から使う関数を定義します。

　そして、その後にdef main()でmain関数を記述します。main関数にはなるべく処理のあらすじを書くようにします。細かい処理や繰り返し行う処理は、別の関数を作成し、main関数の中では具体的な処理をする関数を呼び出すように記述します。

　main関数にしても他の関数にしても定義しただけでは実行されません。実行するにはmain()のように関数を呼び出してやる必要があります。

　最後のブロックは次のようなコードになります。ここでmain関数を呼び出します。

```
if __name__ == "__main__":
    main()
```

　この

```
if __name__ == '__main__':
```

については説明が必要ですね。Pythonのモジュールには__name__という変数があります。このモジュールを直接実行した場合は変数__name__には__main__が自動的に代入されます。「直接実行」するとは、たとえばVS Codeでは「実行」メニューから「デバッグの開始」(F5)や「デバッグなしで実行」(Ctrl＋F5)を選んで実行するようなケースです。PythonのIDLEに.pyファイルを読み込んで実行するようなケースも同じです。

インポートする場合はmainが動作しない

　一方、直接実行されないケースとは、そのプログラムが他のモジュールからインポートされる場合です。簡単なプログラムの例で見てみましょう。

コード5-2　直接実行するときのコードとインポートで呼び出されたときのコードの例
　　　　　　 (func_01.py)

```
01   def sub(x, y):
02       return x - y
03
04   def main():
05       print(sub(5, 2))
06
07   if __name__ == '__main__':
08       main()
```

　このfunc_01.pyを直接実行した場合、まず8行目の記述でmain関数が呼び出されます。main関数はprint関数の中で、1行目で定義したsub関数を呼び出します。引数は5と2ですので、sub関数は 5 − 2 の結果である3を返します。だから、このプログラムの処理結果として3が出力されます。

　次にsub関数がこのように単純な関数ではなく、他のプログラムからも利用したいほど、有意義な関数であると仮定しましょう。そのような場合、利用したい関数が定義されているプログラム（モジュール）をインポートして利用します。今回はfunc_01ですね。そして、func_01のsub関数を呼び出します。

コード5-3 func_01.pyをインポートするプログラムの例（func_02.py）

```
01   import func_01
02
03   print(func_01.sub(10, 2))
```

　このプログラムでは、3行目でfunc_01モジュールのsub関数を呼び出しています。引数は10と2なので、結果として8だけが出力されます。もし、func_01.pyのmain関数が実行されたなら、3も出力されるはずですね。でも、インポートされた場合は、変数 __name__ の値はmainにはならないので、

```
print(sub(5, 2))
```

は実行されないのです。

リスト内包表記

　Pythonらしいコードの書き方にリスト内包表記（List Comprehensions）があります。リスト内包表記を使うとリストから新しいリストを作成するコードを1行で簡潔に記述することができます。構文だけ示してもかえってわかりにくいので、リスト内包表記を使わないコードとリスト内包表記のコードとを見比べてみましょう。

　まずは、リスト内包表記を知らない場合のコードです。例として、奇数のリストがあり、各要素を2乗したリストをfor in文で作るとします。そうすると次のようなコードが考えられます。

コード5-4　for in文で奇数の二乗を求めるプログラムの例（listcomp_01.py）

```
01  def main():
02      odds = [1, 3, 5, 7, 9, 11, 13, 15, 17, 19]
03
04      odd_squared = []
05
06      for odd in odds:
07          odd_squared.append(odd ** 2)
08
09      print(odd_squared)
10
11
12  if __name__ == "__main__":
13      main()
```

　このプログラムではmain関数を次のように定義しています。まず奇数のリス

ト odds と空のリスト odd_squared を作成します。for odd in odds でリスト odds から要素を一つずつ取り出し、べき乗演算子 ** で二乗して odd_squared に append メソッドで追加します。これにより、odds の各要素を二乗した数のリストが odd_squared に作成され、これを出力します。

このプログラムを実行すると、自動的に main() が実行され、odd_squared が出力されます。

```
[1, 9, 25, 49, 81, 121, 169, 225, 289, 361]
```

図5-3 コード5-4 (listcomp_01.py) の実行結果

これをリスト内包表記で書き換えてみます。4行目に注目してください。

コード5-5 リスト内包表記を使って奇数の二乗を求めるプログラムの例
(listcomp_02.py)

```
01  def main():
02      odds = [1, 3, 5, 7, 9, 11, 13, 15, 17, 19]
03
04      odd_squared = [e ** 2 for e in odds]
05      print(odd_squared)
06
07  if __name__ == "__main__":
08      main()
```

これがリスト内包表記です。for in 文が1行で表現できるだけでなく、新しいリストの初期化も不要になります。

コード5-5だと、odds の全要素を取り出しますが、要素をフィルタリングしたい場合は if で条件式を追加で記述します。その場合の4行目は

コード5-6 listcomp_02.py (コード5-5) で odds から取り出す範囲を限定するコード（4行目）

```
04        odd_squared = [e ** 2 for e in odds if e > 3 and e
                                                         < 17]
```

と、末尾に条件を付け加えられるので、やはり1行で済みます。これを実行した結果も見ておきましょう。

```
[25, 49, 81, 121, 169, 225]
```

図5-4 リスト内包表記に if で要素のフィルタリングを追加したときの実行結果

Pythonらしいコード　らしくないコード

enumerate関数

　enumerate関数はイテラブルオブジェクトからインデックスと値を同時に取得します。Pythonプログラマとしてenumerateが使えることで、コーディングが格段に変わる場面があります。

　たとえば次のようなタプル

```
prefs = ('富山県', '石川県', '福井県')
```

があって、これをもとに

```
1. 富山県
2. 石川県
3. 福井県
```

のような出力結果がほしいときが、enumerate関数の使いどころです。

コード5-7　enumerate関数を使ったプログラムの例（enumerate_01.py）

```
01  def main():
02      prefs = ('富山県', '石川県', '福井県')
03
04      for idx, pref in enumerate(prefs, start=1):
05          print(f'{idx}.{pref}')
06
07  if __name__ == "__main__":
08      main()
```

4行目のようにenumerate関数を使うことで、インデックスと各要素の値を同時に取得することができます。このときstart=1と名前付き引数を指定すると、インデックスを1からの値として返してくれます。デフォルトは0です。
　実行結果も確認しておきましょう。

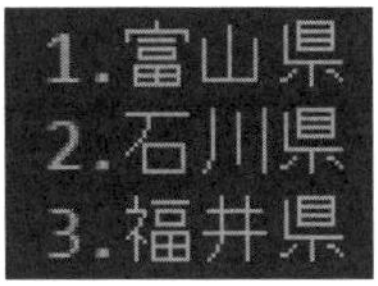

図5-5
コード5-7の実行結果

01
02
03
04
05
06
07

　もし、enumerate関数を知らなければ、4行目および5行目のコードは

```
04   for idx in range(len(prefs)):
05       print(f'{idx+1}.{prefs[idx]}')
```

のように

① タプルprefsの要素数分のインデックスidxをrangeオブジェクトで作成し
② それに1を足した値を番号とし
③ 県名はidxで値を取得する

といった少し面倒なコードになってしまうでしょう。

Pythonらしいコード　らしくないコード

zip 関数

zip 関数は複数のイテラブルオブジェクトをまとめます。たとえば次のプログラムはタプルとリストから zip 関数でタプルを作ります。

コード 5-8　zip 関数を使ったプログラムの例 (zip_01.py)

```python
01  def main():
02      tpl_01 = ("Pigeon","Sparrow","Parrot","Owl")
03      lst_01 = ["鳩","雀","オウム","フクロウ"]
04
05      for bird in zip(tpl_01,lst_01):
06          print(bird)
07
08  if __name__ == "__main__":
09      main()
```

```
('Pigeon', '鳩')
('Sparrow', '雀')
('Parrot', 'オウム')
('Owl', 'フクロウ')
```

図 5-6　コード 5-8 の実行結果

このプログラムでは、鳥の種類の英語名のタプルと日本語名のリストから、上の図のような

(英語名, 日本語名)

というタプルを得ることができます。

　また、次のようなコード

```
dict_01 = dict(zip(tpl_01, lst_01))
```

をmain関数の中、コード5-7で言えば7行目に追加すると、zipオブジェクトから辞書を作成することができます。dict_01は

```
{'Pigeon': '鳩', 'Sparrow': '雀', 'Parrot': 'オウム', 'Owl':
'フクロウ'}
```

のように作成されるので、英語名をキーに日本語名を値として取り出す辞書ができるわけです。

Pythonらしいコード　らしくないコード

map関数とfilter関数、ラムダ式

新田　竜崎さん、今日でPython入門の研修が終わりました。いろいろ教え
　　　ていただきありがとうございました

　研修終了後にいつもの席に竜崎の姿を見つけた新田くんが挨拶に行きまし
た。

竜崎　いや、おつかれさん
荒田　（あれっ、竜崎さんなんかニヤけているぞ？　もしかして照れてんのか）
竜崎　オホン、で、今日は何を勉強したんだ。時間があるなら補足しようか

　竜崎が今日のテキストに目を通しながら、さらに新しい説明を始めます。

竜崎　for in文からリスト内包表記へ展開するのか。リスト内包表記の前
　　　に、map関数やfilter関数、ラムダ式なんかも知っておいたほうがい
　　　いんじゃないか？

　竜崎さんが口にしたmap関数、filter関数、ラムダ式は、一つずつ切り分けて
説明するよりも、まとめて頭に入れてしまう方が実用的です。ちょっと説明が複
雑になっているかもしれませんが、実際の開発で有用なのでがんばってついてき
てください。

■map（関数, イテラブル）
　まず、map関数の構文を覚えてしまいましょう。map関数は第二引数に指定
したイテラブルオブジェクトのすべての要素を関数の引数として第一引数の関
数を実行し、その実行結果をmapオブジェクトとして返します。

このとき、第一引数の関数は既存の関数を使ってもいいし、その代わりにラムダ式で置き換えることもできます。

たとえばリストoddsから新しいリストを作成する処理は

```
odds = [1, 3, 5, 7, 9, 11, 13, 15, 17, 19]
```

というリストをもとに、リスト内包表記を使って

```
odd_squared = [e ** 2 for e in odds]
```

のように簡潔に書けましたが、これをmap関数とラムダ式を使って書くと

```
odd_squared = list(map(lambda e: e**2, odds))  ……①
```

のように書くことができます。ラムダ（lambda）式はPythonで無名関数を作る仕組みです。ラムダ式の構文は次の通りです。

```
変数 = lambda 引数1, 引数2,…… : 式
```

このようなラムダ式による無名関数を、def文による関数で定義したとすると、次のようになります。

```
def 名前(引数1, 引数2, ...):
    return 式
```

引数と式が共通の要素ですが、ラムダ式に関数の名前はありません。def文で定義した関数は、別途この関数を呼び出して変数に収める記述が必要です。

①のラムダ式を構文という観点で見てみると、引数1がeで、e**2が式です。map関数はリストoddsのすべての要素を引数としてこのラムダ式を実行します。定義から変数への代入まで1行で済んでしまいます。このように計算結果を返すだけの関数だったら、わざわざ関数を定義しなくてもラムダ式で十分な場

合があります。

そして①のコードでは、mapオブジェクトをlist()でリストオブジェクトに変換することで、新しいリストを得ることができます。

■ filter関数

map関数でfor in文のような繰り返し処理ができてしまうのであれば、if文の条件分岐も同様にできないかと思いますよね。そのときに使うのがfilter関数です。

filter関数を使うと条件に一致する要素だけをイテラブルオブジェクトから抽出することができます。コード5-6で記述したリスト内包表記は

```
odd_squared = [e ** 2 for e in odds if e > 3 and e < 17]
```

でした。この「3より大きく17より小さい」という条件式をfilter関数で記述すると次のようになります。

```
odd_squared = list(map(lambda e: e**2, filter(lambda e: e >
3 and e < 17,odds)))
```

filter関数の中でもラムダ式を使うことによりoddsリストから範囲を指定して要素を抽出し、抽出した値を二乗することができます。

では、どう書くのがPythonプログラマーとして"できる感"のあるコードになるでしょうか。ここまで説明してきたことをまとめましょう。「3より大きく17より小さい奇数について、それぞれ二乗した数を取得する」という処理は、機能は同じでも次のように3通りの書き方で表現できるわけですね。見比べてみましょう。

❶ for in文で処理する

```
odd_squared = []
for odd in odds:
    if odd > 3 and odd < 17:
        odd_squared.append(odd ** 2)
```

❷ map関数とfilter関数で処理する

```
odd_squared = list(map(lambda e: e**2, filter(lambda e: e >
3 and e < 17,odds)))
```

❸ リスト内包表記で処理する

```
odd_squared = [e ** 2 for e in odds if e > 3 and e < 17]
```

　このように並べて比較してみると、リスト内包表記の記述が最もスッキリして
いることがわかります。for in文を使う処理は説明調でわかりやすいのですが、
冗長で退屈です。map関数とfilter関数を使う例は少し複雑で、lambdaが少し
呪文感を漂わせていますね。

ディクショナリー内包表記と
セット内包表記

　内包表記はリストに限ったものではありません。ディクショナリー（辞書）やセットでも内包表記を使うことができます。

　ディクショナリー内包表記を実際に使ってみましょう。例題として温度の単位換算をプログラムにしてみます。

　温度の表し方には摂氏と華氏がありますね。日本を含む世界のほとんどの国では摂氏が使われており、米国を含む一部の国で摂氏と華氏が併用されています。摂氏という名称は考案者であるスウェーデンのセルシウスの中国音訳に由来し、℃のCはセルシウス（Celsius）のスペルに由来しています。華氏の考案者はドイツのファーレンハイトでこれも中国音訳から華氏と呼ばれています。℉も同様にファーレンハイト（Fahrenheit）に由来しています。

　摂氏では、水が氷になる温度（凝固点）が0℃で、水が沸騰する温度（沸点）が100℃ですが、華氏では凝固点が32℉、沸点が212℉です。摂氏では凝固点から沸点までが100等分されていますが、華氏では180等分されています。そこが華氏のわかりにくいところですね。

　ここでは摂氏のリストから、摂氏をキー、華氏に換算した温度を値とする辞書をディクショナリー内包表記で作成してみます。その際、摂氏で100℃までの範囲に限定するという条件を付けました。

コード5-9　摂氏と華氏の換算プログラムの例

```
01  def main():
02      c_temps = [0, 8, 17, 36, 102]
03
04      temp_dict = {t: (t * 9/5) + 32 for t in c_temps if
                                               t < 100}
05      print(temp_dict)
```

```
06        print(temp_dict[8])
07
08  if __name__ == "__main__":
09        main()
```

摂氏に9/5を掛け、32を足すという計算で華氏を求め

```
{摂氏の数値: 華氏の数値 }
```

というキーと値の組み合わせで辞書を作っています。条件式で、値が100℃を超えるところから範囲外として除いています。

処理後の確認用に作成した辞書全体と、この辞書から摂氏が8のときに対応する華氏を出力しています。

```
{0: 32.0, 8: 46.4, 17: 62.6, 36: 96.8}
46.4
```

図5-7　辞書内包表記で作成した辞書からの出力

次にセット内包表記を見ていきましょう。セットの良いところは重複する要素をはじけるところです。重複を発見して削除するといった処理のコーディングが不要になります。

コード5-9と同じように摂氏と華氏の換算プログラムをセット内包表記で作ってみます。

コード5-10　セット内包表記で作った摂氏と華氏の換算プログラムの例

```
01  def main():
02      c_temps = [0, 8, 17, 36, 102, 6, 8, 31, 17]
03
04      temp_set = {(t * 9/5) + 32 for t in c_temps if t <
                                                    100}
05      print(temp_set)
```

```
06
07
08  if __name__ == "__main__":
09      main()
```

コード5-9と違って、まず摂氏のリスト（c_temps）の要素に重複があります。
この重複を、セット内包表記でセットを作成することで避けることができます。
出力結果を見ると、c_tempsをもとにしたにもかかわらず、重複せずに換算でき
たことがわかります。

```
{32.0, 96.8, 42.8, 46.4, 87.8, 62.6}
```

図5-8 セット内包表記で作成した摂氏から華氏に換算した温度の
セット

zip関数とzip_longest関数

　zip関数を使うと、複数のイテラブルオブジェクトから値を取得できることは
すでに取り上げました。そこでは触れませんでしたが、それぞれのイテラブルが
同じ長さ（要素数）であることを前提に解説していました。でも、実際には長さ
が異なるイテラブルを扱う必要があるケースもあります。そのとき、プログラム
はどうなるでしょうか。次のプログラムを見てください。

コード 5-11　要素数の異なるイテラブルオブジェクトを zip 関数で組み合わせる
　　　　　　　プログラムの例

```
01  def main():
02      prefs = ['富山県', '石川県', '福井県','岐阜県']
03      capitals = ['富山市', '金沢市', '福井市']
04
05      for pref, capital in zip(prefs, capitals):
06          print(f'{pref}の県庁所在地は{capital}です')
07
08  if __name__ == "__main__":
09      main()
```

　prefsは県名のリストですが、要素数は4です。これに対し、capitalsは県庁
所在地のリストですが、要素数は3です。このままこのプログラムを実行して、こ
の二つのイテラブルをzip関数で組み合わせるとどうなるでしょうか。

```
富山県の県庁所在地は富山市です
石川県の県庁所在地は金沢市です
福井県の県庁所在地は福井市です
```

図 5-9
要素が少ないほうに合わ
せたデータが作られる

このように二つのイテラブルオブジェクトの要素数が違うとき、zip() は少ない
ほうに合わせます。このため岐阜県は無視されてしまいました。

いつもいつも要素が少ないほうに合わせていいケースばかりとはいかないで
しょう。多いほうに合わせたいときは、itertoolsのzip_longest()が使えます。
それにはあらかじめ、itertoolsからzip_longest関数をインポートしておきま
す。

コード5-12　zip_longest()を使って要素の多いオブジェクトに合わせるプログラムの例

```
01  from itertools import zip_longest
02
03  def main():
04      prefs = ['富山県', '石川県', '福井県','岐阜県']
05      capitals = ['富山市', '金沢市', '福井市']
06
07      for pref, capital in zip_longest(prefs, capitals):
08          print(f'{pref}の県庁所在地は{capital}です')
09
10  if __name__ == "__main__":
11      main()
```

コード5-11との実質的な違いは、prefsとcapitalsをまとめるのにzip関数
を使ったか、zip_longest関数を使ったかだけです。zip_longest関数で要素数
の違うリストを組み合わせたときの出力を見てみましょう。

図5-10
要素数の異なるリストを
zip_longest()した場合
の出力

zip_longest()は要素数の多いほうに合わせます。このため、少ないほうには
足りない部分があり、そこには値としてNoneが入っています。これは初期値で

Noneが割り当てられるためです。これを任意の値にすることもできます。それには、fillvalue引数で埋める値を指定します。たとえば

```
for pref, capital in zip_longest(prefs, capitals,
fillvalue='不明'):
    print(f'{pref}の県庁所在地は{capital}です')
```

といったようにfillvalueに「不明」を指定すると、prefsの最後の要素である「岐阜県」については「岐阜県の県庁所在地は不明です」と出力されます。

Type Hintsと
Type Annotation

Pythonは動的型付け言語です。このため、C言語やその流れをくむGoやRustのように、変数や関数を宣言するときにデータ型を記述する必要がありません。それどころかxという変数に当初は

```
x = 1.01
```

としてfloat型の初期値を与えたのにプログラムの途中で

```
x = 'ABC'
```

と文字列を代入しても、誰も文句は言いません。Pythonもエラーを出さずに問題なく動作します。これは便利な特徴であり、入門段階で最初に勉強すべき項目を少なくするという意味では大きな利点ではあるのですが、実際のプログラム開発では危険です。変数のデータ型をプログラムの途中で間違って変更してしまい、それが予期せぬ動作を引き起こすバグの可能性を生むからです。

実はPythonでもType Hintsとしてデータ型をアノテーション（付記。いわば補足情報）として記述することはできます。ですが、文字通りType Hintsは単なるヒントなので強制力はありません。つまり、エラーとしてはじいてはくれません。

ですが、mypyというライブラリを使えば、コンパイラ言語のように事前チェックすることができます。

たとえば、次のような関数を指定するコードがあるとします。

```
01   def conc_value(arg: int) -> str:
02       return f"value is {str(arg)}"
03
04
05   name: str = '大野一郎'
```

　このプログラムでは、conc_valueという関数を定義しています。仮引数は
argです。この定義では仮引数を

```
arg: int
```

と記述することで「引数はint（整数）型」だと宣言し、引数部分の閉じかっこに
続けて

```
-> str
```

を書き加えることで「関数の返す値のデータ型はstr（文字列）型だ」と宣言し
ています。このように関数を定義する時点で、値のデータ型を指定することがで
きます。
　また、5行目のように

```
name: str
```

とnameという変数を初期化するときに「この変数はstr型だ」と宣言すること
もできます。
　でも、この記述に強制力はありません。conc_value関数を定義する時点で引
数にはint型を指定していましたが、str型のname変数を渡しても、問題なく出
力されます。このコードに続けて

```
06  print(conc_value(name))
```

というコードを追加し、出力してみました。

`value is 大野一郎`　**図5-11**　関数の定義の中で整数型と指定した引数に
文字列型の値を与えて処理した結果

　このように、定義でのデータ型の指定は無視され、実引数のデータ型で出力
されてしまいます。

　また、型ヒントを記述しても、実行時に出てしまうエラーを回避できるわけで
はありません。次のようなプログラムが、そのケースに当たります。

コード5-14　データ型が混在するのが原因でエラーが出るプログラムの例
　　　　　　 (type_hints_02.py)

```
01  def greeting(name: str) -> str:
02      return  'Hello, ' + name
03
04  print(greeting('太郎'))
05
06  val : float = 67.5
07  print(greeting(val))
```

　このプログラムで定義した関数greetingは、str型の引数を受け取り、それ
を文字列である「Hello」と連結して、str型で返すと宣言しています。ただし、
このまま実行すると6行目で作成した変数valがfloat型なので、関数を呼び出
した際に文字列（Hello）＋小数という加算処理をすることになり、そのために
TypeErrorが発生します。

```
Hello, 太郎
Traceback (most recent call last):
  File "c:\Users\██\Documents\Python脱初心者本\prg\05\type_hints_02.py", line 7, in <module>
    print(greeting(val))
          ^^^^^^^^^^^^^
  File "c:\Users\██\Documents\Python脱初心者本\prg\05\type_hints_02.py", line 2, in greeting
    return 'Hello, ' + name
TypeError: can only concatenate str (not "float") to str
```

図 5-12 文字列と浮動小数点型の値をたし算しようとしたために TypeError になったところ

もし7行目でprint関数に

```
greeting('太郎')
```

と引数に文字列を与えていれば、文字列同士なので連結された結果が出力され
ます。ところがこのプログラムでは、6行目で

```
val : float
```

と浮動小数点数型として宣言した変数を引数にしているため、関数が動作する
際、文字列である

```
'Hello, '
```

と連結しようとする時点で、TypeErrorが発生します(2行目)。

このようにPythonの場合は型ヒントを書いても拘束力がないので、ありがた
みに欠けますね。

mypyでデータ型をチェックする

そこでご紹介するのがmypyです。mypyという外部ライブラリを使うと型
チェックできます。

mypyは外部ライブラリなので、あらかじめターミナルからpipコマンドで

```
pip install mypy
```

と入力し、別途インストールしておく必要があります。

そのうえで、同じくターミナルに

```
> mypy プログラム名.py
```

のようにしてコマンドを入力して実行します。

これで、コード5-14のtype_hints_02.pyをmypyでチェックしてみます。

図5-13 mypyでtype_hints_02.pyをチェックした結果

するとこのように、「greetingの第一引数はstrが想定されているのに対して、7行目ではfloatを与えようとしている」と表示されます。

これにより、プログラムを開発するに当たってはデータ型を必ず書くこと、およびプログラム実行前にmypyでチェックすることをそれぞれプロジェクトの統一ルールにして進めていくという方法が選択できるわけです。プログラムができあがってから、データ型に由来するバグがどこに、どのような形で潜んでいるか大騒ぎして探すといったロスを回避できる可能性が高まります。それに、C言語などの静的型付け言語に慣れている人でも、いつも通りに安心してプログラミングができますよね。

ブール値を扱う場合にもmypyが役立ちます。その実例を見てみましょう。

コード5-15 返り値にブール型とする関数を定義したプログラムの例 (type_hints_03.py)

```
01  def adult(age: int) -> bool:
02      return True if age >= 18 else False
03
04  print(adult(17))
05  print(adult('a'))
```

このtype_hints_03.pyのadult関数は、引数として年齢をint型で受け取り、成人かどうかをbool（真偽）型で返す関数です。

```
True if age >= 18 else False
```

のように三項演算子を使って、条件式（if age >= 18）が成り立てばTrueを、そうでなければFalseを返すようにしています。

4行目でadult関数を呼び出して引数に17を渡すところに問題はないのですが、5行目では

```
adult('a')
```

と、adult関数に文字列を渡して実行しようとしています。adult関数は受け取った値が「18以上かどうか」を判断するので、文字列を渡されたらエラーになってしまいます。

これもmypyでチェックすると次のようにエラーを指摘してくれます。

```
type_hints_03.py:5: error: Argument 1 to "adult" has
incompatible type "str"; expected "int"  [arg-type]
Found 1 error in 1 file (checked 1 source file)
```

mypyのメッセージによると、引数のデータ型としてstr型は互換性がなく、int型が想定されているとありますね。このため、5行目でint型ではなくstr型を渡すようなコードになってしまっているとわかります。

型ヒントはコレクションのデータ型も指定することができます。リストとタプルの型ヒントを、次のプログラムで見てください。

コード5-16 リストとタプルの型ヒントを記述したプログラムの例 (type_hints_04.py)

```
01  lst_01: list[int] = [1]
02  tuple_01: tuple[str, ...] = ('a','b','c')
03
04  lst_01.append('abc')
```

変数lst_01は型ヒントとして

```
list[int]
```

と記述することで、int型が入るリストとして宣言しています。変数tuple_01については

```
tuple[str, ...]
```

で、文字列を複数格納するタプルを宣言しています。

　しかし、リストはもともとさまざまなデータ型を混在できるので、append('abc')と文字列型の要素を追加できてしまいます。

　このため、このプログラムを実行するとlst_01は次のようになります。

```
[1, 'abc']
```

　実行時にエラーにはなりませんが、想定していたデータにはなっていません。こういうコードがあとあとトラブルになりがちです。

　実行前にmypyでチェックしておけば、appendするところにエラーがあると教えてくれます。

```
type_hints_04.py:4: error: Argument 1 to "append" of "list"
has incompatible type "str"; expected "int"  [arg-type]
Found 1 error in 1 file (checked 1 source file)
```

セットと辞書で型ヒントを記述する場合は、次のようなコードになります。

コード5-17 セットと辞書の型ヒントの例（type_hints_05.py）

```
01   set_01: set[int] = {6, 7, 7}
02
03   dict_01: dict[str, float] = {"left": 1.0, "right": 0.7 }
```

辞書の場合は、キーの型、値の型をそれぞれ指定できます。

このコードをmypyでチェックすると、いずれも型には矛盾がないのでエラーはなく、次のように表示されます。

```
Success: no issues found in 1 source file
```

データ型を必ず書きましょうとお勧めしたいわけではありません。でも、いろいろプログラミングしていると、データ型を指定してコードを書くようにして、要所でデータ型に矛盾がないことをチェックしたほうが良いケースもあるということ、そのときにはmypyが役に立つことを、ぜひ覚えておいてください。

Webアプリ開発の
ハンズオン

今日から研修は新しいテーマに変わるようです。着席した荒田くんが新田くんと話しています。

荒田　今日からWebアプリ開発の研修だけど、やっぱり、僕たち研修終わったらWebアプリ開発の仕事にアサインされるのかなあ？

新田　そりゃ一番多いのが、Webアプリ開発の仕事だからな

荒田　僕、PDFファイルの仕分けのようなちょっと役に立つツールみたいなの作るのが楽しいなって思っていたんだ。Webアプリ開発ってルールでガチガチだって聞くしね

新田　ふーん、面倒なのかな。俺はまだ何が作りたいのかわからないや

　そこに、講師の先生が入ってきて話し始めました。

講師　今日からWebアプリ開発の研修を担当する高島です。皆さんにはPythonでWebアプリをこれから作ってもらうわけですが、フレームワークにはFlaskを使います。わかっていますか？　みなさんが作るのはサーバーサイドで動作するアプリですよ

Flask フレームワーク

　Webアプリはサーバーサイドで動作するプログラムです。サーバー側の OSはWindowsとは限りません。Linuxのことも多々あります。でも、開発は WindowsやmacOS上で、VS Codeなどを使って進めることができます。その 場合、1台のパソコンがサーバーであり、クライアントであるという開発環境にな ります。

　簡単なツールを作る場合なら、自分で作成するプログラムは一つのモジュー ルファイルだけということもあります。せいぜいその中で必要なライブラリをイ ンポートするだけとといった簡素な構成になることもあるでしょう。

　でもWebアプリではそうはいきません。備えなければ機能がたくさんあるか らです。どんなWebアプリであれログイン／ログアウトの機能が必要ですし、ロ グインしたユーザーのセッションを管理する機能も必要です。セッション管理と は、クライアント／サーバー間の通信で通信相手を特定したり相手の状態を管 理したりすることです。Webアプリで使われるHTTPプロトコルはステートレス （相手との通信状態を持たない）なので、アプリ側で状態（ステート）を管理す る必要があるのです。そのための機能を用意しなければなりません。

　それから、データベースを検索してデータを表示する機能や逆にデータを登 録する機能、Webページを遷移する機能、どんな操作が行われたかログを残す 機能と、一つのWebアプリを作ろうとすると多くの機能を作成しないといけま せん。ざっと思い付くだけでもこれだけあります。

　このように多くのWebアプリに共通する機能をいちいち作成していたのでは 開発が大変です。そこで、多くのケースで必要となる機能をWebアプリ開発の 土台としてまとめたものがフレームワークです。また建築では枠組み（フレー ムワーク）としても用いられる言葉であり、ルールとしての側面もWebフレーム ワークにはあります。そうした骨組みに沿ってWebアプリを作っていかなくて はなりません。

Pythonで利用できるフレームワークで最も有名なのはDjangoでしょう。フルスタックフレームワークであるDjangoはWebアプリ開発に必要な機能がぎっしり詰まった、大規模なWebアプリ開発向けのフレームワークです。Djangoがあれば何でも作れると言っても過言ではありませんが、機能が豊富で充実しているだけに学習にもコストがかかります。一定のレベルでマスターするには相当の時間が必要です。

今回、勉強するFlaskはマイクロフレームワークに分類される小さなフレームワークです。BottleなどもFlask同様にマイクロフレームの一つです。いずれも軽量で自由度の高いフレームワークで、小規模な開発に向いています。理解すべきことがフルスタックフレームワークに比べると少ないので、Webアプリ開発のスタートを早く切ることができます。このため、QM社でも、Webアプリ開発ハンズオンの題材として選ばれたのでしょう。

表6-1　フレームワークの種類と特徴

分類	フルスタックフレームワーク	マイクロフレームワーク
代表的な フレームワーク	Django	Flask、Bottle
メリット	必要なものがすべて揃っている	学習コストが低い、自由度が高い
デメリット	学習コストが高い、自由度が低い	大規模開発に不向き

Flaskをインストールする

ただ、マイクロフレームワークとはいっても、覚えなくてはいけことはたくさんあります。そこで本章では、URLルーティング→テンプレート→データベース連携の順で学習していきましょう。

まずは、Flaskをローカル環境（お使いのパソコン）にインストールします。ターミナルから

```
pip install flask
```

でFlaskをインストールします。

```
06\web_app01> pip install flask
```

図6-1 ターミナルからpipコマンドでFlaskをインストールする

　そして、図6-1のプロンプトにもあるように、Webアプリ用にはweb_app01、web_app02……といったように専用のフォルダーを用意し、各フォルダーにアプリを分けて作っていきます。フォルダー名は、Webアプリごとに変えてあれば何でもかまいませんが、本書では作成するWebアプリを順にweb_app01、web_app02、そしてそれ以降のフォルダーに作成していくことにします。

WebアプリでHello Worldを表示する

　手始めにごく簡単なプログラムを動かしてみましょう。プログラム名はapp.pyとし、以下のようなコードを入力してください。

コード6-1　Webアプリのサンプルプログラム（app.py）

```
01   from flask import Flask
02
03   app = Flask(__name__)
04
05   @app.route('/')
06   def hello_world():
07       return '<p>Hello, World!</p>'
```

　このプログラムではまず、Flaskクラスをインポートして、appにFlaskオブジェクトを作成します。routeデコレータがルート（道筋）を決めます。これにより、WebアプリのユーザーがWebブラウザーでURLとして /（ルートディレクトリ）にアクセスしたら、hello_world()関数を実行します。この関数は、「Hello, World!」と表示するHTML文字列を返します。デコレータという言葉が出てき

ましたが、これは関数を修飾して、その挙動を変更するものです。

実行してみましょう。ターミナルで

```
> flask --app app run
```

と入力しEnterキーを押します。

図6-2　app.pyをFlaskから実行したところ。表示されたURLがWebアプリのアクセスURLになる

これで作業中のパソコン上でWebサーバーが起動し、Webアプリが実行されます。メッセージ中の「http://127.0.0.1:5000」[*1]で始まるリンクにマウスポインターを載せるとリンクが表示されます。このときに表示されるメッセージにしたがって、リンクをCtrl+クリックします。

すると、Webブラウザーで新しいタブ（もしくは新しいウィンドウ）が開き、「Hello, World!」と表示されました。この場合、FlaskがWebサーバー、Webブラウザーがクライアントとなって、クライアントがサーバーにアクセスした形になります。

図6-3
Flask上で動作するWebアプリにアクセスしたところ

Webアプリを終了するには、先にブラウザーを閉じてから、ターミナル上の

---

*1　URLの記述は環境によって変わることがあります。

メッセージに従ってCtrl＋Cを入力します。

デバッグモードを使う

　ここで、Flaskの便利な機能を試してみましょう。ここまでの操作手順でWeb
アプリを起動すると、これ以降にコードを修正しても動作中のWebアプリには
反映されません。コードの修正によりWebアプリの動作や表示が変わったこ
とを確認するには、いちいちWebアプリを終了して起動し直す必要があります。
これでは不便ですね。

　そんなときに便利なのがデバッグモードです。これをオンにすると、コードを
変更した時点でサーバーが自動的にWebアプリをリロードしてくれます。

　デバッグモードを有効化するには、Webアプリを起動するときにターミナル
で

```
> flask --app app --debug run
```

と入力します。

　起動後表示されるリンクをCtrl+クリックで開くと、図6-3同様にHello,
World!と表示されます。これをHello, Python!に変えてみようと思います。

　VS Codeでreturnする文字列をHello, Python!に変更してCtrl+Sで保存
します。

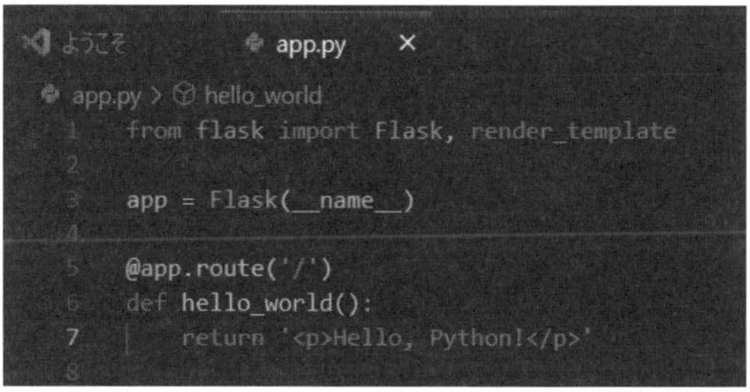

図6-4
コードを修正し、Hello,
World!をHello,
Python!に変更した

181

ここですでにWebアプリのページを開いていたブラウザーで表示を更新すると、Hello, Python!と表示が変わります。

図6-5
表示される文字列が
Hello, Python!に変更された

　つまり、プログラムを変更するたびにいちいちWebアプリの終了、起動を繰り返す必要がなくなるわけです。

　これで、本格的なWebアプリをハンズオンで実習する準備ができました。

URL ルーティング

さて、ではWebアプリ開発の実習を始めましょう。本章の冒頭で説明した通り、URL ルーティング、テンプレート、データベース連携の順で解説していきます。まずはURL ルーティングです。

URL ルーティングとはリクエストされたURL に対して呼び出すアクションを決定する仕組みです。Flask ではroute デコレータがURL と関数を紐付けします。@app.route()の引数に指定したURL にアクセスすると、デコレータの下の関数が実行されます。次のプログラムを見てください。

```
01   from flask import Flask
02
03   app = Flask(__name__)
04
05   @app.route('/')
06   def hello_world():
07       return '<p>Hello, World!</p>'
08
09   @app.route('/flask')
10   def hello_flask():
11       return '<p>Hello, Flask!</p>'
12
13   @app.route('/python')
14   def hello_python():
15       return '<p>Hello, Python</p>'
```

5行目、9行目、13行目がroute デコレータです。それぞれに応じて関数を記

述しました。

　これにより、ルートディレクトリ (/) にアクセスしたとき、/flaskにアクセスしたとき、/pythonにアクセスしたときで動作が変わります。

図6-6
アクセス先がルートディレクトリ (/) のとき (上)、/flaskの と き (中)、/pythonのとき (下) の動作の違い

　/にアクセスするとHello, World!と表示され、/flaskにアクセスするとHello, Flask!、/pythonにアクセスするとHello, Pythonと表示されます。

動的にルーティングする

ユーザーに返すページが、こういった静的なページだけのWebサイトであれ
ばこれだけの機能で十分なのですが、Webアプリでは動的なルーティングが必
要になります。ここでいう「動的な」とは、Webアプリのユーザーからの入力に
応じてURLに変数値が展開され、動的に表示用のデータが作成されるという意
味です。Flaskでは次のプログラムのように変数を使って動的なルーティングを
することができます。

コード6-2 動的なルーティングを実装したプログラムの例

```
01  from flask import Flask
02
03  app = Flask(__name__)
04
05
06  @app.route('/user/<id>')
07  def hello_user(id):
08      return f"<p>Hello, User. Your ID is {id}.</p>"
```

6行目のrouteデコレータには<id>のように変数を<>で囲んで記述し、関数
ではそのidを

```
hello_user(id)
```

と、引数として受け取ります。

ユーザーがブラウザーで「/user/201」をリクエストしたときは、次のような表
示を返します。

図6-7
URLに/user/201と入力
したときのWebアプリの
応答

　URLに、「/user/」に続けて「201」と入力したことにより、「Your ID is 201.」
と表示されました。このように変数を使えば、この例ではユーザーをIDで特定
した上で、ユーザーごとに異なるデータを使いつつ、全ユーザーに共通の処理を
実行することができます。具体的には、ユーザーのパスワードを変更するとか、
住所を変更するといった処理を作っていくときに使えます。

　また、このように動的に変数を渡すとき、routeデコレータにデータ型を指定
することができます。ここで想定しているIDは整数なので、int型を指定するに
は

```
@app.route('/user/<int:id>')
```

のように記述します。

テンプレート

Webアプリの出力は、静的な文字列とデータベースから読み込んだ値を組み合わせて整形したHTMLです。ここまでのサンプルは簡素な表示でしたが、実際のWebアプリではそうはいきません。といっても、HTMLのタグをいちいちプログラムで作成するのは手間の掛かる退屈な作業です。そこでテンプレートを使います。VS Codeで作業する場合は、エクスプローラでWebアプリ用のフォルダー内にtemplatesフォルダーを作成し、そこにテンプレートとなるhtmlファイルを配置します。

図6-8
VS CodeでWebアプリの
フォルダーにtemplates
フォルダーを作ったところ

　ここでは、テンプレートとしてhello.htmlというファイルを作成することにします。VS Codeでは、「！」キー、Tabキーを続けて押すと、入力支援機能が働いてHTMLのタグを展開してくれます[*2]。

＊2　この操作をする際、Flaskが動作している場合は、終了させておく必要があります。

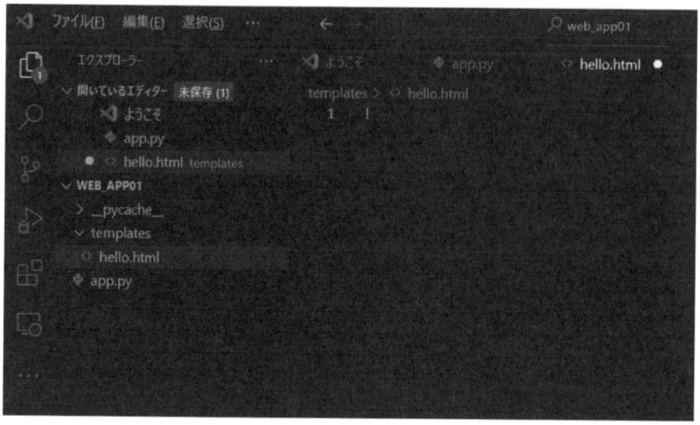

図6-9 空のHTMLファイルの先頭に「!」を入力し、続けてTabキーを押す

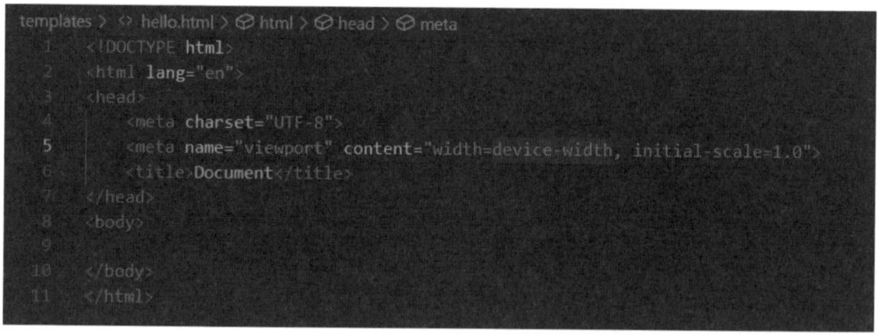

図6-10 すると、Webページを構成する必要最低限のHTMLが自動的に展開される

これはEmmetの入力補完機能です。このタグを編集していきます。

```html
01  <!DOCTYPE html>
02  <html lang="ja">
03  <head>
04      <meta charset="UTF-8">
05      <meta name="viewport" content="width=device-width,
                                     initial-scale=1.0">
06      <title>Document</title>
07  </head>
08  <body>
```

```
09      <p>Hello, User. Your ID is {{id}}.</p>
10   </body>
11   </html>
```

展開された HTML コードから変更したのは、2行目の

```
lang="en"
```

の en を ja に変更したところと、body タグの間で空白になっていた9行目を

```
<p>Hello, User. Your ID is {{id}}.</p>
```

に書き換えたことです。

　Flask では {{ と }} の間に入れた変数は、その値で展開されます。Python で f
文字列を記述するときに

```
f'<p>Hello, User. Your ID is {id}.</p>'
```

のように {と} に囲まれた変数が展開されるのと同じことと思ってください。

　このテンプレート利用するにあたって、app.py は次のように変更します。

app.py 側でテンプレートを適用する

コード6-3　テンプレートに対応させるよう改修した app.py

```
01   from flask import Flask, render_template
02
03   app = Flask(__name__)
04
05   @app.route('/user/<int:id>')
```

189

```
06    def hello_user(id):
07        return render_template('hello.html', id=id)
```

まず、flaskからFlaskに加えてrender_templateをインポートします。
render_template関数には、テンプレートファイル名、およびキーワード付き引
数として変数を渡すことができます。
　両方のコードを保存したうえで、ブラウザーのurlを

```
http://127.0.0.1:5000/user/101
```

にアクセスすると、要求されたURLから取得した変数が展開されていることが
わかります。

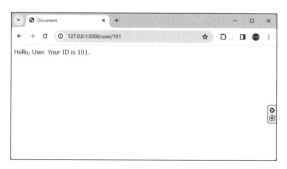

図6-11
/user/101にアクセスした
ときにWebアプリが生成
したページ

　Flaskはテンプレートエンジンとして Jinja2 を使っています。テンプレートエ
ンジンとはアプリのデータやプログラムの処理結果をHTMLテンプレートと組
み合わせてWebページを生成する機能です。
　render_template関数にテンプレートファイルを渡すときにフォルダーを指
定する必要がなかったことからもわかるように、templatesをテンプレートファ
イルの標準フォルダーとするのはFlaskのルールです。たとえばsを付け忘れて、
templateなどとすると、TemplateNotFoundというエラーになります。

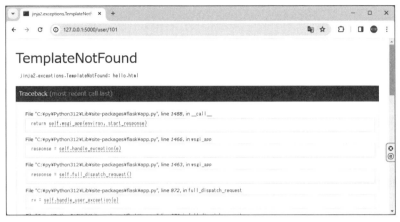

図6-12 テンプレートを呼び出せなかったときのエラー

このようにフレームワークを使うときはそのルールに従う必要があります。

新田　今日はFlask入門って感じで簡単だったな

荒田　あれっ、今日は竜崎さん、いつもの場所にいないなあ

高島　あら、あなたたち誰か探しているの？

新田　ああ、高島さん。今日はありがとうございました。いつも講習のあとに竜崎さんに補習をしてもらってたんですが……。今日はいらっしゃらないみたいですね

高島　そうだったの。だから、あなたたち……。そういえば竜崎さん、「北へ出張だ」って言ってたわね

新田　出張ですか。北ってどこですかね。網走番外地とか

高島　プッ、新田くんいくつよ。おやじギャグにもほどがあるわ

荒田　（そんなことより、「だから、あなたたち」のつづきは何だったのかなあ……）

Webアプリ開発のハンズオン

O/RマッパーSQLAlchemy

さて、その翌日もWebアプリ研修が続きます。

高島　さて、今日からリレーショナルデータベースを使います。Webアプリ
で発生するデータを記録し、検索して表示するのにデータベースを使
うのは当たり前だけど、昔はSQLという専用の言語を使ってデータ
ベースを操作していたの。そうすると、Pythonの中で、SQLという違
う言語を使うから、ややこしいのよね。

　耳慣れない言葉がたくさん出てきました。新田くんと荒田くんは必死でメモ
を取ります。

高島　だから、現在の主流はORMを使ってリレーショナルデータベースを使
います。ORMのOはPythonのObject（オブジェクト）で、Rはリレー
ショナルデータベースのRelation（リレーション）です。リレーショナ
ルデータベースは関係データベースとも呼ばれ、関係のあるデータを
レコードとしてテーブルに記録します。MはMapperです。ORMがリ
レーショナルデータベースとサーバー側のアプリを構築する各種プロ
グラミング言語のオブジェクトとのマッピング、つまり、相互変換をし
てくれます。だからSQLを使わなくてもWebアプリでデータベースを
利用できるんです。Pythonで有名なORMにSQLAlchemyというの
があります

　ここからデータベース連携を作っていきます。FlaskでSQLAlchemyを使う
には、Flask-SQLAlchemyをインストールします。ターミナルで

```
> pip install flask-sqlalchemy
```

を実行しましょう。

ライブラリのアンインストール

　いろいろな外部ライブラリをインストールしていると何がインストールされているのかわからなくなることもあります。そのようなときは

```
pip list
```

で、インストールされているライブラリを取得することができます。

01
02
03
04
05
06
07

Webアプリ開発のハンズオン

図6-13
pip listで取得したライブラリ一覧の例

　もし、不要になったライブラリがあれば

```
> pip uninstall ライブラリ名
```

としてアンインストールすることができます。

SQLAlchemyはいろいろなリレーショナルデータベースに対応しています
が、サーバー型のデータベースを使う場合は別途インストールが必要になるの
で、ここではファイル型のSQLiteを使います。SQLiteは軽量で手軽に使えるリ
レーショナルデータベースですが、小規模なWebアプリなら運用も可能です。
またファイル型なので組み込みの開発にも使えます。

それではweb_app02フォルダー[*3]にアプリを作っていきましょう。

データベースを作成するコード

web_app02フォルダーに作成するのは、templatesフォルダーとapp.pyで
す。

図6-14
templatesフォルダーと
app.pyを作成する

app.pyとして、まず以下のところまでコーディングします。

コード6-4　app.pyとしてここまでコーディングする

```
01   from flask import Flask, render_template,request,
                                              redirect
02   from flask_sqlalchemy import SQLAlchemy
03
04   app = Flask(__name__)
05   app.config['SQLALCHEMY_DATABASE_URI']= 'sqlite:///
                                              sample.db'
06   app.config['SQLALCHEMY_TRACK_MODIFICATIONS'] = False
```

```
07   app.config['SQLALCHEMY_ECHO']=True   #ログ出力

08   db = SQLAlchemy(app)

09

10   class User(db.Model):

11       id = db.Column(db.Integer, primary_key=True)

12       name = db.Column(db.String, nullable=False)

13       age = db.Column(db.Integer)

14

15   # 一度実行してテーブル作成

16   with app.app_context():

17       db.create_all()
```

インポートするのは、これまでと同様にflaskからFlask、render_template。ここではそれに加えてrequest、redirectをインポートします。request、redirectについてはのちほど説明します。さらに、flask_sqlalchemyからはSQLAlchemyクラスをインポートします。

変数appでFlaskオブジェクトを参照できるようにしたら、configプロパティに設定値を与えます。

3項目設定しているconfigプロパティについて簡単に説明しておきましょう。SQLALCHEMY_DATABASE_URIには

```
sqlite:///sample.db
```

と、データベースの種類とデータベース名を指定しています。接続するデータベースによって、設定する項目は異なります。たとえば、ここで利用するSQLiteではなく、MySQLに接続する場合にはユーザー名やパスワードも指定します。SQLALCHEMY_TRACK_MODIFICATIONSはFalseにしておきます。SQLALCHEMY_ECHOをTrueにするとログを出力してくれます。次に、8行目で変数dbでSQLAlchemyオブジェクトを参照できるようにします。

このあとの10行目からが、ORMが本領を発揮するところです。

```
class User(db.Model):
```

としてクラスを宣言していますが、このクラスがSQLiteデータベース上でテーブルになります。クラスの継承はPythonではUser(db.Model)のように（　　）の中に継承元のクラスを記述します。これでUserクラスはdb.Modelベースクラスを継承します。メンバーは通常のクラスのプロパティ（属性）に相当するもので、このメンバーを宣言することにより、個々のメンバーそれぞれがテーブルのカラム（フィールド）の1項目になります。

　コード6-4のapp.pyでは、idがdb.Integer（整数型）でprimary_key（主キー）です。primary_keyはテーブル内のレコードを一意に識別するキーです。nameはdb.String（文字列型）でnullable=False（省略不可）です。ageはid同様、整数型です。

　そして16行目の

```
with app.app_context():
```

の中の

```
db.create_all()
```

でデータベースにテーブルを作成します。このように記述することにより、アプリケーションのコンテキストの中でテーブルを作成するようになります。リクエスト、CLIコマンド[4]、またはその他のアクティビティの間、application context（アプリケーションコンテキスト）はアプリケーションレベルのデータを保持します。

＊4　CLIコマンドはターミナルのようなコマンドラインインターフェイスで入力するコマンドです

実行してuserテーブルを作成する

ここまで書いたところで、プログラムを一度実行します。といっても、

```
flask --app app run
```

によりWebアプリとして実行するのではなく、VS Code上でCtrl＋F5により
app.pyを直接実行します。そのときの処理結果はターミナルに出力されます。

```
2024-01-26 11:24:30,617 INFO sqlalchemy.engine.Engine BEGIN (implicit)
2024-01-26 11:24:30,617 INFO sqlalchemy.engine.Engine PRAGMA main.table_info("user")
2024-01-26 11:24:30,617 INFO sqlalchemy.engine.Engine [raw sql] ()
2024-01-26 11:24:30,625 INFO sqlalchemy.engine.Engine PRAGMA temp.table_info("user")
2024-01-26 11:24:30,625 INFO sqlalchemy.engine.Engine [raw sql] ()
2024-01-26 11:24:30,625 INFO sqlalchemy.engine.Engine
CREATE TABLE user (
        id INTEGER NOT NULL,
        name VARCHAR NOT NULL,
        age INTEGER,
        PRIMARY KEY (id),
        UNIQUE (name)
)

2024-01-26 11:24:30,625 INFO sqlalchemy.engine.Engine [no key 0.00222s] ()
2024-01-26 11:24:30,646 INFO sqlalchemy.engine.Engine COMMIT
```

図6-15 ターミナルにログが出力された

　ターミナルには、7行目でSQLALCHEMY_ECHOをTrueにしたことによりロ
グが出力され、テーブルが作成されている様子がわかります。ログの中に

```
CREATE TABLE user
```

で始まる行が表示されていますね。実行後にVS Codeのエクスプローラを見
ると、instanceフォルダーが作成され、その中にsample.dbがあることがわか
ります。

図6-16
instanceフォルダー並び
に、その中にsample.db
ができている

　sample.dbの内容を確認してみましょう。DB Browser for SQLiteという無料のソフトウェア[*5]でsample.dbを開いたところです。userテーブルがclass Userに宣言した通りに作成されていることがわかります。

図6-17　DB Browser for SQLiteでsample.dbを開いたところ。userテーブルができていることが確認できる

　db.create_all()はすでに同名のテーブルが存在しているかチェックした上で実行されるので、二重にapp.pyを実行しても問題はありませんが、テーブルを作成する必要がなくなったら、この行（この時点では17行目）をコメントにしておいてもいいでしょう。

＊5　DB Browser for SQLite (https://sqlitebrowser.org/) でインストーラをダウンロードできます。

CRUD操作

さて、Webアプリにおけるデータベースの操作は、Create(登録)、Read (読み込み)、Update (変更)、Delete (削除) の頭文字を並べたCRUDの繰り返しです。

表6-2　データベースの基本操作を示すCRUD操作

C	Create	登録機能
R	Read	参照機能
U	Update	変更機能
D	Delete	削除機能

これからそれらの処理を作っていくのですが、いきなりコードから書き始めるのではなく、画面イメージというかテンプレートを先に作るほうが「何を作らなければならないか」がわかりやすく、効率よくプログラミングできます。

コード6-4ではUserクラスを作るときにdb.Modelを継承して作りました。このクラスの継承はとても便利な機能です。ベースクラス (継承元クラス) の持つメソッドやプロパティが継承先クラスで利用できるようになるからです。Flaskではそれに加えて、テンプレートも継承できます。

そこで、templatesフォルダ に継承元となるbase.html、そしてbase.htmlを継承するようにindex.html、create.html、update.htmlという計4ファイルを作成することにしました。ファイル名は任意でかまわないのですが、以降の説明はこのファイル構成を前提に進めていきます。

図 6-18
templatesフォルダーに
必要なhtmlファイルを作
成しておく

継承元になるHTMLファイルを作る

まずは、HTMLファイルの継承元となるbase.htmlを、次のように作ります。

コード6-5　テンプレートのベースとなるbase.html

```
01  <!DOCTYPE html>
02  <html lang="jp">
03  <head>
04      <meta charset="UTF-8">
05      <meta name="viewport" content="width=device-width,
                                        initial-scale=1.0">
06      <title>ユーザー</title>
07  </head>
08  <body>
09      {% block content %}
10      {% endblock %}
11  </body>
```

```
12    </html>
```

　継承元となるbase.htmlにはどのWebページでも必要になる基本的なタグを記述します。重要なのが

```
{% block content %}
```

と、その次の行の

```
{% endblock %}
```

です。これは、「継承先のHTMLに記述した内容をこの部分に挿入する」ための記述です。継承先のHTMLにも{% block xxxxxx %}と{% endblock %}を記述し、その間にそれぞれのHTMLのコードを記述します。すると、base.htmlの記述を継承しつつ、{% block xxxxxx %}から{% endblock %}までの間が継承先の内容で置き換わります。FlaskというかJinja2でコードを埋め込みたいときに使うのが{%　%}ステートメントで、ここではblock contentとendblockを使っています。

base.htmlを継承するHTMLファイルを作る

　具体的にどういうデータを作ればいいのか、index.htmlで見てみましょう。

コード6-6　index.htmlのコード

```
01    {% extends "base.html" %}
02    {% block content %}
03    <h1>ユーザー一覧</h1>
04    <a href="/create" role="button">新規登録画面</a>
05        <table>
06            <thead>
```

```
07              <tr>
08                  <th>ID</th>
09                  <th>ユーザー名</th>
10                  <th>年齢</th>
11              </tr>
12          </thead>
13          <tbody>
14              {% for user in users %}
15              <tr>
16                  <td>{{user.id}}</td>
17                  <td>{{user.name}}</td>
18                  <td>{{user.age}}</td>
19                  <td><a href="/{{user.id}}/update"
                            role="button">編集</a></td>
20                  <td><a href="/{{user.id}}/delete"
                            role="button">削除</a></td>
21              </tr>
22              {% endfor %}
23          </tbody>
24      </table>
25  {% endblock %}
```

{% %} の中にロジックを書いていきます。1行目の

```
extends "base.html"
```

で、このファイルはbase.htmlを継承します。次にblock contentから
endblockまでの内容が、base.htmlのbodyタグの中にあるblock contentか
らendblockまでに展開されてHTMLデータが生成されると理解してください。
　このテンプレートの内容は、今回作っているWebアプリの機能を実装したも
のです。個々のソースを追うことで、どのような機能を提供しようとしているのか

がわかります。ポイントとなるコードを見てみましょう。

4行目にある

```
href="/create"
```

のリンクは、ユーザーの新規登録用ページへのリンクです。このページはユーザー一覧ですから[6]、このページはデータベースに登録されている複数のユーザーを表示するためのページです。そのために14行目の

```
for user in users
```

から22行目のendforの間でテーブルの中にユーザーを1名1行で展開していきます。

usersに全ユーザーが入っているデータベース構造なので、1名ずつuserに取り出し、user.id、user.name、user.ageと各フィールドを表示します（16〜18行目）。

19行目の

```
href="/{{user.id}}/update"
```

で、ユーザーごとの編集画面に遷移する動的なリンクを作り、20行目の

```
href="/{{user.id}}/delete"
```

で削除処理に遷移させます。

続いて、ユーザー登録用のテンプレートであるcreate.htmlを作りましょう

コード6-7　ユーザー登録画面を生成するテンプレートのcreate.html

```
01   {% extends "base.html" %}
02   {% block content %}
```

---

[6]　このページはユーザーに見せるのではなく、サービス提供者が管理用に参照するのが目的という前提です。

```
03    <h1>新規登録</h1>
04    <form method="POST">
05        <label for="name">ユーザー名</label>
06        <input type="text" name="name">
07        <label for="age">年齢</label>
08        <input type="number" name="age" value=20>
09        <input type="submit" value="新規登録">
10    </form>
11    {% endblock %}
```

　このテンプレートで生成するページでは、ユーザー名と年齢を入力して、submitボタンを押すとデータベースへの登録処理が実行されます。ユーザー名は文字列なので

```
input type="text"
```

です（6行目）。7～8行目の年齢は整数値なので

```
input type="number"
```

を指定したうえで

```
value=20
```

として初期値を与えています。このように指定すると年齢の入力欄にスピンボタンが表示され、上矢印、下矢印をマウスで操作することで数値を変更できます。

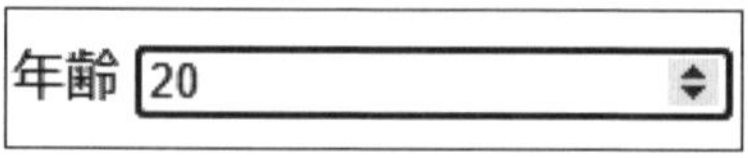

図6-19
Webページ上で表示される年齢の入力欄

HTTPメソッドの基本を理解する

さて、ここで最も理解しておきたいのが4行目の

```
form method="POST"
```

です。formタグのmethod属性にはHTTPリクエストメソッドを指定します。

HTTPリクエストメソッドという新しい言葉が出てきました。これはWebサイトにアクセスするブラウザーからWebサーバーに発行される要求です。Webアプリの開発には必須です。いろいろな種類のリクエストメソッドがありますが、今作っているようなWebアプリの開発では、主にGETとPOSTを使います。

表6-3　主なHTTPリクエストメソッド

メソッド	意味
GET	URIで指定した情報を要求する
POST	クライアントからデータを渡す
HEAD	GETと同様の処理だがHTTPヘッダのみを返す
PUT	URIで指定したサーバ上のファイルを置き換える
DELETE	URIで指定したサーバ上のファイルを削除する

create.htmlで記述したPOSTメソッドは、登録内容を書き換えるupdate.htmlでも使います。

コード6-8　登録情報を変更するページを生成するupdate.html

```
01    {% extends "base.html" %}
02    {% block content %}
03    <h1>編集</h1>
04    <form method="POST">
05        <label for="name">ユーザー名</label>
06        <input type="text" name="name" value={{post.
```

```
name}}>
07        <label for="age">年齢</label>
08        <input type="number" name="age" value={{post.
age}}>
09        <input type="submit" value="更新">
10    </form>
11    {% endblock %}
```

update.htmlはcreate.htmlとほぼ同じですが、あらかじめ登録済みのユーザー名や年齢をデータベースから読み込み、変更前の値として

```
value={{post.name}}
```

のようにして展開します。

app.pyでページを生成してデータベースを操作する

これでテンプレートは用意できたので、app.pyにCRUDの処理を追加していきましょう。どのようにテンプレートを呼び出してHTMLデータを生成するかに注目してください。以下の行を、コード6-4のapp.pyに続けて追加します。

コード6-9　app.pyに実装するCRUD処理（19行目以降）

```
19    @app.route('/', methods=['GET'])    ……①
20    def index():
21        users =db.session.query(User).all()
22        return render_template('index.html', users = users)
23
24    @app.route('/create', methods=['GET','POST'])    ……②
25    def create():
26        if request.method == 'POST':
```

```python
27          name = request.form.get('name')
28          age = request.form.get('age')
29          user = User(name=name, age=age)
30          db.session.add(user)
31          db.session.commit()
32          return redirect('/')
33      else:
34          return render_template('create.html')
35
36  @app.route('/<int:id>/update', methods=['GET','POST'])
                                               ……③
37  def update(id):
38      user = db.session.get(User, id)
39      if request.method == 'GET':
40          return render_template('update.
                                   html',post=user)
41      else:
42          user.name = request.form.get('name')
43          user.age = request.form.get('age')
44          db.session.commit()
45          return redirect('/')
46
47  @app.route('/<int:id>/delete', methods=['GET'])  ……④
48  def delete(id):
49      user = db.session.get(User, id)
50      db.session.delete(user)
51      db.session.commit()
52      return redirect('/')
53
54  if __name__ == '__main__':  ……⑤
55      app.debug = True
```

```
56        app.run(host='localhost')
```

重要な記述として①～⑤の５カ所に注目してください。

まず①から説明しましょう。19行目のrouteデコレータにより、ルートディレクトリ（/）にアクセスするとindex()関数を実行します。デコレータの引数である

```
methods=[]
```

には受け入れるHTTPリクエストメソッドを指定します。ここではGETを指定することにより、ルートディレクトリ（/）ではGETのみを受け入れるようにしています。

index()関数の動作である

```
db.session.query(User).all()
```

は、テーブルuserからすべてのレコード（行）を取得します（21行目）。queryは問い合わせや検索処理という意味です。取得したusersを引数にindex.htmlをrender_template()で表示します（22行目）。

この部分を実行すると、登録済みのユーザーを一覧表示します。

図6-20
index()関数により登録
ユーザーを一覧表示する

このページで「新規登録画面」のリンクをクリックすると②のデコレータのルーティングにより、新規登録画面が表示されます。

図6-21
create.htmlをテンプレートに生成された新規登録用のページ

②のrouteデコレータでは、'/create'の要求に対して

```
methods=['GET','POST']
```

を指定しているので、GETおよびPOSTメソッドを受け入れます。

　続いて25行目のcreate()関数が動作します。ここではif文でリクエストメソッドにより処理を分岐しています。リクエストメソッドの判断にflaskからインポートしたrequestを使っています。request.methodがPOSTなら、新規登録画面上でsubmitボタンが押されたことになります。新規登録画面のform methodはPOSTだからですね（コード6-7のcreate.htmlの4行目で確認できます）。

　リクエストがPOSTではない場合は新規登録画面の要求なのでrender_templateでcreate.htmlをもとに新規登録ページを生成します（33〜34行目）。

　POSTリクエストを受け取ったら、送信されたデータをテーブルにレコード登録する処理へと移ります。

　まず、27〜28行目で

```
request.form.get()
```

を使って入力フォームからnameとageを取得しています。

　次の29行目がORMらしいところです。取得したnameとageを引数にUserクラスのオブジェクトをuserに作っています。

続く2行がデータベース操作らしい、特徴的な処理です（30行目から）。db.sessionで始まるのがトランザクション処理で、まずadd(user)でテーブルに新しいユーザーを追加するのですが、これだけではテーブルは更新されません。実際の書き込みは続く31行目のcommit()で行われます。今回は単一のテーブルに1レコードを登録するだけなので、トランザクション処理のありがたみを感じにくいのですが、たくさんのカラムを持つ複数のレコードを、データベースとの整合性を担保したうえで登録、更新したいときにトランザクション処理は力を発揮してくれます。commit()するまで実際の更新は保留されるからです。

③は、すでに登録済みの情報を変更するリクエストに対するrouteデコレータです。リクエストされたURLからidを取得します。

このIDを使って38行目の

```
db.session.get(User, id)
```

がuserテーブルからidに基づき特定のレコードを取得し、Userクラスのオブジェクトをuserに返します。リクエストがGETメソッドのときは、編集画面にuserから取得したユーザー名と年齢を埋め込んで表示します。update.htmlのvalue={{post.name}}やvalue={{post.age}}に、ここで読み込んだフィールド値が展開されるわけですね。

一方、リクエストがPOSTメソッドのときは、42〜45行目のコードが働き、request.form.get()でPOSTにより送信されてきたユーザー名と年齢を取得し、db.session.commit()で保存します。その後、flaskからインポートしたredirectでルート'/'に画面を遷移します。

④は一覧画面で削除ボタンがクリックされたときの処理です。50行目の

```
db.session.delete(user)
```

で該当のユーザーを削除し、それをcommit()でテーブルに反映して一覧画面にリダイレクトしています。

⑤の記述は、クラスの作成のところでも頻繁に出てきましたね。このように記述すると、このapp.pyをWebアプリとして実行するためにいちいちターミナルで

```
> flask --app app run
```

と入力して実行する必要がなくなります。VS Codeであれば「実行」メニューか
らWebアプリを実行できるようになるので、F5キーやCtrl＋F5キーといった
ショートカットキーでWebアプリを簡単に起動できます。
　55行目の

```
app.debug = True
```

は、Flaskのデバッグモードをオンにするコードです。最終行のapp.runで、
localhost（IPアドレスは127.0.0.1）上でWebアプリを実行します。

　　新田　これでWebアプリが動き出すのか。やってみると意外に簡単にWeb
　　　　　アプリが作れちゃうんだな
　　荒田　FlaskとかSQLAlchemyのお陰だね
　　新田　中身がわかんなくても継承すれば、うまいことやってくれるしな
　　荒田　ちょっと、怖い気もするけどね

Bootstrapで作る
レスポンシブなページ

高島　今からは、Webサイトのデザイン面について説明しておきますね。作成したWebサイトはユーザーの環境によって表示が変わります。スマホやタブレットなどの小さな画面で見るユーザーもいれば、逆にパソコンからアクセスして大型のモニターで見るということもあるでしょう。ですから、Webサイトはレスポンシブでないといけません。レスポンシブなWebサイトとは、Webサイトを表示する機器の画面に合わせてレイアウトや要素の配置を変化させることができるWebサイトです

　見た目にかかわるデザインのところは、本書では踏み込まないでおきますが、機器ごとに表示を最適化するレスポンシブデザインについてはプログラマーであっても対応することが求められる領域です。そのためのフレームワークもさまざまなものが用意されていますが、中でもBootstrapは世界中で広く使われてレスポンシブWeb対応のCSSフレームワークです。CSSはCascading Style Sheets（カスケードスタイルシート）のことですが、Bootstrapを使うことで、CSSを自前で一から用意しなくても表現力の高いレスポンシブWebサイトを作成することができます。

　FlaskでBootstrapを使うには、ターミナルで

```
> pip install flask-bootstrap
```

と入力してflask-bootstrapライブラリをインストールします。

　そのうえで、app.pyをBootstrap対応にして行きましょう。Bootstrapを使うアプリは新しいフォルダーweb_app03に作成することにします。もちろん、解説目的で相違点を明確にするために別アプリとしているので、実際に作

212

られるときは特に分ける必要はないかもしれません。web_app03には、web_app02のファイルをフォルダー構成ごとコピーしておきます。web_app02のプログラムやテンプレートHTMLをベースに、WebアプリをBootstrapに対応させます。ここまで作り込んできたapp.pyから変更するのは次のところです。

コード6-10　Bootstrap対応にするためのコードを追加

```
01  from flask import Flask, render_template,request,
                                               redirect
02  from flask_sqlalchemy import SQLAlchemy
03  from flask_bootstrap import Bootstrap   ……①
04
05  app = Flask(__name__)
06  app.config['SQLALCHEMY_DATABASE_URI']= 'sqlite:///
                                             sample.db'
07  app.config['SQLALCHEMY_TRACK_MODIFICATIONS'] = False
08  app.config['SQLALCHEMY_ECHO']=True   #ログ出力
09  db = SQLAlchemy(app)
10  bootstrap = Bootstrap(app)  ……②
```

　まず、flask_bootstrapからBootstrapをインポートするコードを追加します（①）。そして

```
bootstrap = Bootstrap(app)
```

としてFlaskオブジェクトとBootstrapオブジェクトを関連付けます（②）。このimportに続くwebアプリ（app）の設定をするブロックの末尾に

```
bootstrap = Bootstrap(app)
```

を追加します。

テンプレートのHTMLファイルにスタイルを適用する

app.pyだけでなく、templatesのhtmlファイルも変更する必要があります。
まずindex.htmlから対応していきましょう。

コード6-11　index.htmlをBootstrapに対応させる

```
01  {% extends "bootstrap/base.html" %}  ……①
02  {% block content %}
03  <div class="container">  ……②
04      <h1>ユーザー一覧</h1>
05      <a href="/create" role="button" class="btn btn-
                              link">新規登録画面</a>  ……③
06      <table class="table">
07          <thead>
08              <tr>
09                  <th>ID</th>
10                  <th>ユーザー名</th>
11                  <th>年齢</th>
12                  <th>編集</th>
13                  <th>削除</th>
14              </tr>
15          </thead>
16          <tbody>
17              {% for user in users %}
18              <tr>
19                  <th>{{user.id}}</th>
20                  <th>{{user.name}}</th>
21                  <th>{{user.age}}</th>
22                  <th><a href="/{{user.id}}/update"
    role="button" class="btn btn-link">編集</a></th>  ……④
```

```
23              <th><a href="/{{user.id}}/delete"
    role="button" class="btn btn-link">削除</a></th>  ……⑤
24           </tr>
25           {% endfor %}
26         </tbody>
27       </table>
28   </div>
29 {% endblock %}
```

重要な変更点として①～⑤を取り上げ、順に説明していきます。

まず、それぞれのテンプレートファイルは継承元として

```
extends "bootstrap/base.html"
```

としてtemplates内のbase.htmlを継承していたのをやめて、bootstrap/base.htmlを継承するようにします（①）。これによりtemplatesのbase.htmlは不要になります。またbootstrapというフォルダーを作る必要はありません。

CSSを適用するため、HTML全体にcontainerクラスを適用します（②）。またボタンのスタイルにBootstrapのクラスを適用するため、role="button"のリンクにはそれぞれ

```
class="btn btn-link"
```

という記述を追加し、ボタン用のクラスを指定します（③～⑤）。

続いて、create.htmlもBootstrap用の記述を追加します。

コード6-12　create.htmlをBootstrap対応に

```
01 {% extends "bootstrap/base.html" %}
02 {% block content %}
03 <div class="container">
04     <h1>新規登録</h1>
```

```
05      <form method="POST">
06          <label for="name">ユーザー名</label>
07          <input type="text" name="name" class="form-
                                control">  ……①
08          <label for="age">年齢</label>
09          <input type="number" name="age" value=20
                        class="form-control">  ……②
10          <input type="submit" value="新規登録" class="btn
                                btn-primary">
11      </form>
12  </div>
13  {% endblock %}
```

　基本的には、index.htmlと共通で、全体にcontainerクラスを適用し、ボタンにボタン用のスタイルを適用します。create.htmlにはテキストや数値を入力するフォームを設けているので、ここにもBootstrapからそれぞれのフォーム用のスタイルを適用します（②③）。

　具体的には、

```
input type="text"
```

および

```
input type="number"
```

の入力欄に、いずれも

```
class="form-control"
```

を指定します。update.htmlは省略しますが、基本的にはcreate.htmlとやることは同じです。

ここでそれぞれのページの表示を確かめておいてください。

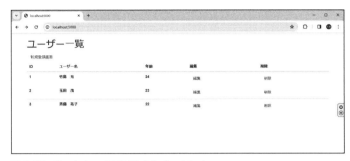

図6-22 Bootstrapに対応したindex.html

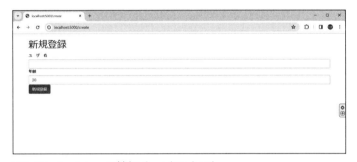

図6-23 Bootstrapに対応したupdate.html

特にHTMLはいじっていませんが、スタイルを適用したことにより印象はだいぶ変わりました。図6-20のBootstrapに未対応の一覧画面と比べると違いがはっきりわかりますね。

レスポンシブになっているかどうかも確かめておきましょう。そこで、それぞれのウィンドウの幅を狭くしてみます。

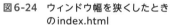

図6-24　ウィンドウ幅を狭くしたとき
　　　　のindex.html

図6-25　ウィンドウ幅を狭くしたとき
　　　　のcreate.html

　ウィンドウ幅を変更するのに応じて、各項目の表示幅やフォームのサイズ、レイアウトが変化していることがわかります。

高島　いいですか、今回説明したのはあくまでもWebアプリ開発の最も基本のところですよ。骨組みの一部に過ぎません。仕組みを理解してもらうことに重点を置きましたのでね。Webアプリであるからには、このほかにもログイン処理や、入力された値をチェックするバリデーションが必要です。難しそうと思うかもしれないけど、Flaskにはそれらに必要なクラスや関数もあるから、皆さん勉強してくださいね

Webアプリ開発に
必要な知識

新田　竜崎さん、お久しぶりです。竜崎さんがいない間にWebアプリの研修が終わっちゃいましたよ

竜崎　そうか、そういえば高島が文系出身でえらく飲み込みが早い二人組がいると言っていたな

荒田　えっ、僕たちですか！ そしたら、竜崎さんのおかげですね

竜崎　ところで、Webアプリの研修でSQLは習ったのか？

新田　SQLAlchemyを勉強しました

竜崎　SQL文自体は習ってないということか？

新田　えっ、SQL文って勉強する必要があるんですか？

竜崎　たしかに、Flask SQLAlchemyを使えば、自分でSQL文を書く必要はない。けどな、古いWebアプリのメンテナンスをするときには、生でSQL文使っているのもあるんだよな

荒田　ラテン語みたいなものですか？

竜崎　なに！ Webアプリのリニューアル案件なんかのときにも、SQL文を読めないと何をしているか、わからないぞ

新田　でも、SQL文なんて見たことないし

竜崎　デバッグモードでSQLAlchemyを使っていれば、ターミナルにSQL文は表示されていたはずだぞ

新田　そうでしたっけ？

　Webアプリの研修も終えて、新田くん、荒田くんはだいぶ自信を付けてきたみたいです。でも、竜崎さんの言う通り、「知らなくてもWebアプリは作れる」だけでは十分ではありません。本章では、そんな「知らなくても作れるけれども、Webアプリ開発のエンジニアとしては知っておくべきこと」として、SQL文とHTTPリクエスト、ログ出力を取り上げます。

SQL文

確かに、SQL文を知らなくてもWebアプリケーションは作れます。だからといってSQL文の勉強が必要ないというわけではなく、Webアプリケーション開発の現場にいる以上、どこかでSQL文の知識が求められる場面は出てきます。そのときに「SQL文は知らないんですよね」としか言えないのと、「基本的なことはだいたいわかっています」と答えられるのとでは、周囲の目は確実に違ってくるでしょう。

皆さんが前章で作成したWebアプリ（たとえばweb_app03のapp.py）の初期設定で、

```
app.config['SQLALCHEMY_ECHO']=True
```

としました。これはログ出力を有効にする設定なので、ユーザーの操作に合わせてWebアプリが動作すると、それに応じてターミナルにログが出力されます。

これはWebアプリのユーザーが

- 登録者一覧からあるidを指定して、その登録情報の編集画面を開き
- 年齢を変更してから
- また登録者一覧画面に戻る

という操作したときに、ターミナルに出力されたログです。このログの中にはSQL文があります。次のログを見て、それがどの部分か、推測してみてください。

コード7-1　Webアプリが出力したログの例

```
2024-02-01 17:24:13,265 INFO sqlalchemy.engine.Engine BEGIN
```

```
(implicit)
2024-02-01 17:24:13,266 INFO sqlalchemy.engine.Engine
SELECT user.id AS user_id, user.name AS user_name, user.
age AS user_age
FROM user  ······①
2024-02-01 17:24:13,266 INFO sqlalchemy.engine.Engine
[generated in 0.00114s] ()
2024-02-01 17:24:13,283 INFO sqlalchemy.engine.Engine
ROLLBACK
127.0.0.1 - - [01/Feb/2024 17:24:13] "GET / HTTP/1.1" 200
-
2024-02-01 17:24:15,983 INFO sqlalchemy.engine.Engine BEGIN
(implicit)
2024-02-01 17:24:15,983 INFO sqlalchemy.engine.Engine
SELECT user.id AS user_id, user.name AS user_name, user.
age AS user_age
FROM user
WHERE user.id = ?  ······②
2024-02-01 17:24:15,983 INFO sqlalchemy.engine.Engine
[generated in 0.00175s] (4,)
2024-02-01 17:24:16,004 INFO sqlalchemy.engine.Engine
ROLLBACK
127.0.0.1 - - [01/Feb/2024 17:24:16] "GET /4/update
HTTP/1.1" 200 -
2024-02-01 17:24:19,178 INFO sqlalchemy.engine.Engine BEGIN
(implicit)
2024-02-01 17:24:19,181 INFO sqlalchemy.engine.Engine
SELECT user.id AS user_id, user.name AS user_name, user.
age AS user_age
FROM user
WHERE user.id = ?
```

```
2024-02-01 17:24:19,181 INFO sqlalchemy.engine.Engine
[cached since 3.189s ago] (4,)
2024-02-01 17:24:19,195 INFO sqlalchemy.engine.Engine
UPDATE user SET age=? WHERE user.id = ?  ……③
2024-02-01 17:24:19,195 INFO sqlalchemy.engine.Engine
[generated in 0.00091s] ('26', 4)
2024-02-01 17:24:19,200 INFO sqlalchemy.engine.Engine
COMMIT
127.0.0.1 - - [01/Feb/2024 17:24:19] "POST /4/update
HTTP/1.1" 302 -
2024-02-01 17:24:19,519 INFO sqlalchemy.engine.Engine BEGIN
(implicit)
2024-02-01 17:24:19,519 INFO sqlalchemy.engine.Engine
SELECT user.id AS user_id, user.name AS user_name, user.
age AS user_age
FROM user
2024-02-01 17:24:19,519 INFO sqlalchemy.engine.Engine
[cached since 6.26s ago] ()
2024-02-01 17:24:19,519 INFO sqlalchemy.engine.Engine
ROLLBACK
127.0.0.1 - - [01/Feb/2024 17:24:19] "GET / HTTP/1.1" 200
-
2024-02-01 17:24:21,531 INFO sqlalchemy.engine.Engine BEGIN
(implicit)
2024-02-01 17:24:21,531 INFO sqlalchemy.engine.Engine
SELECT user.id AS user_id, user.name AS user_name, user.
age AS user_age
FROM user
WHERE user.id = ?
2024-02-01 17:24:21,531 INFO sqlalchemy.engine.Engine
[cached since 5.547s ago] (4,)
```

```
2024-02-01 17:24:21,531 INFO sqlalchemy.engine.Engine
DELETE FROM user WHERE user.id = ?  ……④
2024-02-01 17:24:21,531 INFO sqlalchemy.engine.Engine
[generated in 0.00069s] (4,)
2024-02-01 17:24:21,550 INFO sqlalchemy.engine.Engine
COMMIT
127.0.0.1 - - [01/Feb/2024 17:24:21] "GET /4/delete
HTTP/1.1" 302 -
2024-02-01 17:24:21,672 INFO sqlalchemy.engine.Engine BEGIN
(implicit)
2024-02-01 17:24:21,672 INFO sqlalchemy.engine.Engine
SELECT user.id AS user_id, user.name AS user_name, user.
age AS user_age
FROM user
2024-02-01 17:24:21,672 INFO sqlalchemy.engine.Engine
[cached since 8.417s ago] ()
2024-02-01 17:24:21,687 INFO sqlalchemy.engine.Engine
ROLLBACK
127.0.0.1 - - [01/Feb/2024 17:24:21] "GET / HTTP/1.1" 200
-
```

　何カ所かあったのですが、見ていただきたいのは①〜④の4カ所です。順々に説明しましょう。

SQLAlchemy が SQL 文を生成する

①の行には

```
SELECT user.id AS user_id, user.name AS user_name, user.
age AS user_age FROM user
```

という文字列が記録されています。これは SQL の SELECT 文と言われるもので、app.py の中では index() 関数内で db.session.query(User).all() メソッドを実行したときに発行される SQL 文です。

　SELECT 文や SQL 文の具体的な説明に入る前に、リレーショナルデータベースのテーブルの構造についてお話しておきましょう。テーブルは二次元の表のような構造をしています。例として、user という名前のテーブルがあるとします。これはユーザーの氏名と年齢を id に基づいて管理するためのテーブルです。

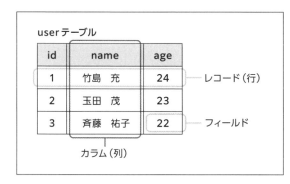

図 7-1
リレーショナルデータベースのテーブルの構造

　この user テーブルには id、name、age の三つのカラム（列）があります。テーブルを作成するときにはカラムのデータ型や属性をそれぞれ指定します。user テーブルはレコード（行）としてユーザーを登録します。データベースではレコードを大量に登録しても、Primary Key（主キー）やインデックスの機能により高速に取り出すことができるようになっています。そして、レコード内の1項目をフィールドと呼びます。

　SELECT 文は FROM 句に指定したテーブルからレコードを取得します。その際に、取得するカラムを指定することができます。①の SELECT 文では user.id、user.name、user.age とすべてのカラム（列）を指定していますが、必要な列だけ指定することもできます。ここでは id や name、age の前に user. と付けているように、テーブル名でカラム名を修飾しています。複数のテーブルからカラムを取得するケースでカラム名が重複することは大いにあり得るため、テーブル名による修飾で指定先を特定できるようにするためです。ただし、ここで取り上げている Web アプリのように単一のテーブルからカラムを取得する場合は省

略可能です。また as 句を使って

```
user.id AS user_id
```

のように、取り出す列名に別名を付けていますが、これは SQLAlchemy の仕様です。

　SELECT 文には WHERE 条件句をつけて、取得するレコードを選択することができますが、①はユーザー一覧の処理なので WHERE 条件句はつけていません。ユーザー全件を取得します。WHERE 条件句は検索する際の条件を記述して、一部のレコードだけを取り出すときに使います。

　②の SELECT 文である

```
SELECT user.id AS user_id, user.name AS user_name, user.
age AS user_age FROM user WHERE user.id = ?
```

が、その WHERE 条件で id を指定して 1 レコードを選択する SELECT 文です。この SQL 文は update(id) 関数の

```
user = db.session.get(User, id)
```

が発行します。この文中にある ? は、プレースホルダーといいます。db.session.
get(User, id) の第二引数に指定された id が、ログの次の行で (4,) のようにしてプレースホルダーに入っていきます。Web アプリがユーザーの操作から id として 4 を取得し、それを db.session.get() の引数にすることで、テーブルから id が 4 のレコードを取得するわけです。User はテーブル（クラス）の指定です。これで特定のレコードを選択できます。

　Web アプリのユーザーが編集画面で更新ボタンをクリックすると、③の UPDATE 文

```
UPDATE user SET age=? WHERE user.id = ?
```

が実行され、②で選択したレコードが変更されます。これを呼び出すのは update(id) 関数の db.session.commit() です。SQL の UPDATE 文の書き方は

■UPDATE文の構文

```
UPDATE  テーブル名  SET  カラム名  =  変更する値  WHERE条件句
```

です。③の UPDATE 文では

```
SET age=?
```

とすることで、age（年齢）を変更します。Web アプリが提供する編集画面では名前と年齢が編集できるようになっていますが、Web ブラウザーを通じて受け取った更新情報を、データベースのどのフィールドを書き換えればいいのかをプログラミングする必要はありません。データベースのどのフィールドを変更するのかは SQLAlchemy が判断して、それに応じた UPDATE 文を組み立てくれるわけです。それにより、ログでは③の次の行で二つのプレースホルダーに

```
('26', 4)
```

と、年齢と id が渡っていることがわかります。

　また、ユーザー一覧の画面で削除ボタンがクリックされたときは、Web アプリは delete(id) 関数内で db.session.delete(user) を呼び出します。delete メソッドは

```
DELETE FROM user WHERE user.id = ?
```

と、SQL の DELETE 文を実行し、レコードを削除します。削除するレコードは WHERE 句で指定します。WHERE 条件を付けないとすべてのレコードが削除されます。DELETE 文の書き方は

■DELETE文の構文

```
DELETE FROM テーブル名 WHERE条件句
```

です。ここでも、④のプレースホルダーには、ログの次の行にあるように実パラ
メーターが

```
(4,)
```

のように渡り、レコードが削除されます。

自力でSQL文をプログラムに実装する

　SQLAlchemyを使わなくても、これらのSQL文を自分で実装すればデータ
ベースを利用するWebアプリを作成することはできます。ただし、その場合は
flask_sqlalchemyが見えないところで自動的にやってくれていたことをコード
として補足する必要があります。

　ここからSQL文を直接使うWebアプリをweb_app04フォルダーに作ってい
きますが、データベースはweb_app03で作成したものをコピーして使います。
またテンプレートファイルも同じファイルを流用します。

　web_app03からコピーした各テンプレートファイルはweb_app04でも
templatesフォルダーにコピーし、app.pyはweb_app04フォルダーに配置し
ます。ただし、sample.dbはapp.pyと同じフォルダーに置きます。web_app03
のときはinstanceフォルダーに自動的に作成されていましたが、web_app04
ではapp.pyと同じ階層に配置してください。

図7-2
VS Codeで見たweb_
app04のファイル構成

app.pyは次のようなプログラムになります。web_app03のapp.pyとの違い
を中心に見ていくので、まずは全体を読んでみてください。

コード7-2 SQL文を直接コーディングしたapp.py（web_app04）

```
01  from flask import Flask, render_template,request,
                                    redirect, g ……①
02  from flask_bootstrap import Bootstrap
03  import sqlite3 ……②
04
05  app = Flask(__name__)
06  bootstrap = Bootstrap(app)
07
08  def get_db():  ……③
09      db = getattr(g, '_database', None)
10      if db is None:
11          db = g._databese  = sqlite3.connect('sample.
                                                    db')
12      return db
13
14  @app.teardown_appcontext  ……④
15  def close_connection(exception):
16      db = getattr(g, '_database', None)
```

```
17      if db is not None:
18          db.close()
19
20  @app.route('/', methods=['GET'])   ······⑤
21  def index():
22      con = get_db()
23      cur = con.execute("SELECT * FROM user ORDER BY
                                                    id")
24      users = cur.fetchall()
25      return render_template('index.html', users =
                                                    users)
26
27  @app.route('/create', methods=['GET','POST'])
28  def create():   ······⑥
29      if request.method == "POST":
30          name = request.form.get('name')
31          age = request.form.get('age')
32          con = get_db()
33          sql = f"INSERT INTO user(name, age)
                                values('{name}',{age})"
34          con.execute(sql)
35          con.commit()
36          return redirect('/')
37      else:
38          return render_template('create.html')
39
40  @app.route('/<int:id>/update', methods=['GET','POST'])
41  def update(id):   ······⑦
42      con = get_db()
43      cur = con.execute(f"SELECT * FROM user WHERE id =
                                                    {id}")
```

```
44      user = cur.fetchone()
45      if request.method == "GET":
46          return render_template('update.
                                            html',post=user)
47      else:
48          name = request.form.get('name')
49          age = request.form.get('age')
50          sql = f"UPDATE user SET name = '{name}', age =
                                        {age} WHERE id ={id}"
51          con.execute(sql)
52          con.commit()
53          return redirect('/')
54
55  @app.route('/<int:id>/delete', methods=['GET'])  ……⑧
56  def delete(id):
57      con = get_db()
58      sql = f"DELETE FROM user WHERE id ={id}"
59      con.execute(sql)
60      con.commit()
61      return redirect('/')
62
63  if __name__ == '__main__':  ……⑨
64      app.debug = True
65      app.run(host='localhost')
```

①は最初の行です。ここでflaskからgをインポートしています。gはグロー
バルなオブジェクトであり、データ領域として利用します。続いて、SQLiteデー
タベースを直接使うのでsqlite3ライブラリをインポートします（②）。sqlite3
は標準ライブラリなのでインストールする必要はありません。

3番目のポイントとして、get_db()という名前でデータベースを返す関数を追
加しました（8行目）。

この関数内に記述してある

```
db = getattr(g, '_database', None)
```

というコード（9行目）では、すでにgオブジェクトに_databaseというプロパティ（属性）が設定されていれば、それを取得します。getattr関数は次のような構文で、オブジェクトの属性値を返します。

■ getattr関数の構文

```
getattr(object, name[, default])
```

9行目のコードでdefault（デフォルト）に指定したNoneが返ってくるのは、gオブジェクトにデータベースが設定されていないときです。このときは

```
sqlite3.connect('sample.db')
```

でsample.dbに接続し、接続情報をg._databeseにまず入れてから、dbに入れます。こうすることにより、sample.dbに接続していないときはsample.dbに接続して接続情報を取得し、すでにsample.dbに接続しているときはその接続情報を返します。この結果、データベースへの接続処理がどのように進んだとしても、get_db()関数はreturn dbでsample.dbの接続情報を返して終わります。このようにコーディングするとget_db()関数は何度呼び出しても問題ない関数になるわけです。

　④ではteardown_appcontextデコレータを設定したことにより、リクエストが終了し、アプリケーションコンテキストを破棄するときにclose_connection関数が呼び出されます。close_connection関数では、gオブジェクトにデータベースが設定されているとき、db.close()でデータベースを閉じます（14〜18行目）。

　⑤のrouteデコレータ以降の処理は、SQLAlchemyを使った処理をSQL文の発行に置き換えるものです（20〜25行目）。

　ここで定義したindex()関数はユーザー一覧の処理です。

```
con = get_db()
```

でデータベースへの接続を変数conに取得し、con.execute()でそのデータベースに対してSQL文を実行します。ここで実行しているSQL文

```
SELECT * FROM user ORDER BY id
```

により、userテーブルのすべてのレコード、すべてのカラムを取得します。*はすべてのカラムを意味するワイルドカードです。ORDER BY句には並べ替えの条件を指定します。ここではidの昇順でレコードを並べ替えるようにしていますが、複数のカラムで並べ替えたいときは

```
SELECT * from user ORDER BY カラム名1, カラム名2, ……
```

のようにカラム名をカンマで区切って続けます。その場合、カラム名1のソート順が最優先され、以降は記述したカラム名の順の優先順位でソートされたデータになります。なお、降順に並べ替えるときはカラム名のあとにDESCを記述します。

次の24行目にあるcur.fetchall()で、すべてのレコードを取得します。

INSERT文で新規のレコードを追加する

27行目からは新規追加画面用の処理を記述しています。⑥のcreate()関数では、INSERT文でテーブルにレコードを追加します。INSERT文の書き方は

■ INSERT文の構文

```
INSERT INTO テーブル名(カラム名1, カラム名2, ……) values(値1,
値2, ……)
```

です。

コード7-2のapp.pyでは

```
sql = f"INSERT INTO user(name, age) values('{name}',{age})"
```

というように、f文字列でSQL文を作っています（33行目）。値は

```
'{name}',{age}
```

として与えています。nameは文字列型なので、シングルクォートで囲っています。ORMを使っていれば、このあたりのわずらわしさはORM側で取り除いてくれますね。

続く34行目のcon.execute(sql)でINSERT文を実行し、con.commit()でテーブルに反映させます。

WHERE句で取り出すレコードを抽出する

登録情報の編集画面用のデコレータ（40行目）では、update()関数でデータベースを変更する機能を提供します（⑦）。ここではまず編集するレコードを取得するSELECT文が実行されます（43行目）。Webブラウザーの要求として受け取ったidを

```
WHERE id = {id}
```

とWHERE条件句に指定しています。cur.fetchone()により、1レコードだけ取得します（44行目）。

メソッドがGETのときとPOSTのときで処理を分け、POSTのときにはUPDATE文でレコードを更新します（45～53行目）。UPDATE文を生成する50行目では

```
SET name = '{name}', age = {age}
```

として、名前と年齢の両方を更新します。コード7-1のログ出力で見た通り、web_app03ではSQLAlchemyが変更されたフィールドだけを更新するUPDATE文を組み立ていましたね。そのようにしたければ、データベースから読み込んだフィールド値とrequest.form.get()で入力フォームから取得した値を比較してUPDATE文を組み立てる必要があって、コーディングは面倒になりそうです。こういうところも、ORMのありがたみを感じるところです。

51行目の

```
con.execute(sql)
```

で、生成したUPDATE文を実行し、52行目のcon.commit()で保存します。

　削除の処理が残っていますが、これも基本的には同じことです。⑧の削除を要求されたとき用のrouteデコレータでは、56行目のdelete関数が動作します。このdelete関数では、idを指定してDELETE文を生成し、レコードを削除します。こちらもcon.execute(sql)でDELETE文を実行し、con.commit()で保存します。

　⑨でWebアプリの実行するコードを記述します。ここはweb_app03と同じです。

HTTPリクエスト

Flaskのrouteデコレータはこれまで何回もプログラム中に出てきました
ね。その際にはmethodsを指定していました。GETやPOSTですね。これを
HTTPリクエストといいます。HTTPリクエストにかかわるコードも、フレーム
ワークがサポートしてくれています。このためSQL文と同様に、くわしいことを
知らなくてもプログラムを作れるのは事実です。しかしながらWebアプリケー
ションを開発する以上、HTTPリクエストをはじめとするネットワークやWebの
仕組みを理解することも、エンジニアのバックグラウンドを強化する意味で重要
です。そこでここでは、GETとPOSTメソッドがどのようにサーバーに発行され
るのかを確認し、HTTPリクエストとはどういうものかについて理解を深めてお
きましょう。

ログを見ていると、GETやPOSTのリクエストが記録されているのを見つけ
られます。

```
127.0.0.1 - - [04/Feb/2024 11:20:33] "GET / HTTP/1.1" 200 -
127.0.0.1 - - [04/Feb/2024 11:20:33] "GET /favicon.ico HTTP/1.1" 404 -
127.0.0.1 - - [04/Feb/2024 11:20:38] "GET / HTTP/1.1" 200 -
127.0.0.1 - - [04/Feb/2024 11:20:40] "GET /create HTTP/1.1" 200 -
127.0.0.1 - - [04/Feb/2024 11:20:45] "POST /create HTTP/1.1" 302 -
127.0.0.1 - - [04/Feb/2024 11:20:46] "GET / HTTP/1.1" 200 -
127.0.0.1 - - [04/Feb/2024 11:20:48] "GET /4/update HTTP/1.1" 200 -
127.0.0.1 - - [04/Feb/2024 11:20:57] "POST /4/update HTTP/1.1" 302 -
127.0.0.1 - - [04/Feb/2024 11:20:57] "GET / HTTP/1.1" 200 -
127.0.0.1 - - [04/Feb/2024 11:20:59] "GET /4/update HTTP/1.1" 200 -
127.0.0.1 - - [04/Feb/2024 11:21:05] "POST /4/update HTTP/1.1" 302 -
127.0.0.1 - - [04/Feb/2024 11:21:05] "GET / HTTP/1.1" 200 -
127.0.0.1 - - [04/Feb/2024 11:21:07] "GET /3/delete HTTP/1.1" 302 -
127.0.0.1 - - [04/Feb/2024 11:21:07] "GET / HTTP/1.1" 200 -
```

図7-3 ログに記録されていたGETとPOST（抜粋）

クライアントであるWebブラウザーがWebサーバーに対してHTTPリクエ
ストを発行します。Webアプリがそのリクエストを受け取り、それに応じた処
理結果をクライアントに返します。たとえば、WebブラウザーでWebアプリを

利用するユーザーがURLにルートディレクトリ（/）を指定して一覧画面を要求すると、GETメソッドが呼び出されます。一方、新規登録画面のリンクをクリックすると/createのページを要求するGETメソッドが呼び出されます。また、/createのページでsubmitボタンをクリックするとPOSTメソッドによりフォームで入力した値がWebアプリに送られてきます。

　/create以外のページでも同様で、/updateならばレコードを変更する際、GETメソッドで編集用にフォームに名前と年齢を埋め込んだページを要求し、POSTメソッドで変更後の値を渡します。

　/deleteのページはGETメソッドで呼び出され、WebアプリはこのGETメソッドを受け取ったらそのままSQLのDELETE文を発行します。このように、Webブラウザー（クライアント）がWebサーバー（Webアプリ）とGETメソッド、POSTメソッドで対話するのに応じて、Webアプリの処理は進んでいきます。

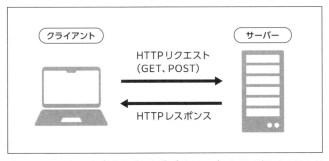

図7-4　クライアント（Webブラウザー）とサーバーの間で交わされるやり取り

　今のところは1台のパソコン上でWebアプリの開発を進めているため、クライアントとサーバーの関係を忘れてしまいそうになりますが、クライアントとサーバー間ではHTTPプロトコルを使ってデータを送受信しています。その点では、インターネット上のサーバーと通信するときと変わりません。そこで主に使われているメソッドがGETとPOSTです。

　クライアントがサーバーから情報を取得する場合にGETを使います。一方、サーバーへ情報を登録する場合、特にサンプルのWebアプリのようにデータベースへ情報を格納したいときにPOSTを使います。またパスワードなど他人

に見られたくない情報を送る際もPOSTを使います。

> 荒田　こうして比べてみると、ORMのありがたさがわかりますね
>
> 竜崎　確かにフレームワークを使うと比較的短時間で品質の整ったWebアプリを作成できる。でも、SQL文やHTTP上でやり取りされるリクエストのことを知っておくと、思い通りにプログラムが動作しないときに調べるための引き出しが増えるぞ。ベーシックな仕組みの上に複雑なものがあるのだからな
>
> 新田　でも、竜崎さん、このターミナルのログを見るの大変ですよ。一度、VS Codeを閉じたら、過去のログはもう見られないし。それに、SQLAlchemyを使ったときみたいにどんなSQL文が発行されたか確認したいですよ
>
> 荒田　新田くん、欲張りだよ（竜崎さんに「甘えるな」って叱られるよ）
>
> 竜崎　いや、いいね、意欲的だな。プログラムの動きをくわしく知ろうと思うのは良いことだ。ログ出力はカスタマイズできる

ログ出力のカスタマイズ

　Webアプリでログを残すことにより、万一障害が発生したときに原因を追及したり、セキュリティの問題が発生したときにログインの履歴をたどったりといったように、誰がどんな操作をしたのが調査できるようになります。本書で取り上げてきたWebアプリのサンプルは標準でターミナルにログを出力するようになっています。でも、ターミナルに出力したログは、VS Codeを終了するたびに消えてしまいます。このため、あとからWebアプリの動作を追うことができません。そこで、ログの出力をファイルに書き出すようにしましょう。その際、実行したSQL文を渡したパラメーターも同時にわかるよう、機能を強化します。

　ログ強化版のWebアプリをweb_app05フォルダーに分けて作成してみましょう。テンプレートファイルやsample.dbはweb_app04のものをそのままコピーして使います。

　次のapp.pyがログ強化版です。web_app04のapp.pyから変更していない部分については一部省略しているところがあります。

コード7-3　ログ強化版のapp.py（一部省略）

```
01   from flask import Flask, render_template,request,
                                           redirect, g
02   from flask_bootstrap import Bootstrap
03   import sqlite3
04   from logging.config import dictConfig  ……①
05
06
07   dictConfig({  ……②
08       'version': 1,
09       'formatters': {
```

```
10        'file': {
11            'format': '[%(asctime)s] [%(levelname)s] :
                                          %(message)s',
12        }
13    },
14    'handlers': {
15        'file': {
16            'class': 'logging.handlers.
                              TimedRotatingFileHandler',
17            'formatter': 'file',
18            'filename': './logs/app.log', ……③
19            'encoding': 'utf-8'
20        }
21    },
22    'root': {
23        'level': 'WARN',
24        'handlers': ['file'] ……④
25    },
26 })
27
28 app = Flask(__name__)
29 bootstrap = Bootstrap(app)
30


   (中略)


43 @app.route('/', methods=['GET'])
44 def index():
45     con = get_db()
46     cur = con.execute("SELECT * FROM user ORDER BY
                                          id")
```

```
47    users = cur.fetchall()
48    app.logger.info("Select * FROM user ORDER BY id")
                                                    ……⑤
49    return render_template('index.html', users =
                                                users)
50
51  @app.route('/create', methods=['GET','POST'])
52  def create():
53      if request.method == "POST":
54          name = request.form.get('name')
55          age = request.form.get('age')
56          con = get_db()
57          sql = f"INSERT INTO user(name, age)
                                values('{name}',{age})"
58          con.execute(sql)
59          con.commit()
60          app.logger.info(f"INSERT INTO user(name, age)
                                values('{name}',{age})") ……⑥
61          return redirect('/')
62      else:
63          return render_template('create.html')
64
65  @app.route('/<int:id>/update', methods=['GET','POST'])
66  def update(id):
67      con = get_db()
68      cur = con.execute(f"SELECT * FROM user WHERE id =
                                                {id}")
69      user = cur.fetchone()
70      app.logger.info(f"SELECT * FROM user WHERE id =
                                                {id}") ……⑦
71      if request.method == "GET":
```

```
72          return render_template('update.
                                             html',post=user)
73      else:
74          name = request.form.get('name')
75          age = request.form.get('age')
76          sql = f"UPDATE user SET name = '{name}', age =
                                       {age} WHERE id = {id}"
77          con.execute(sql)
78          con.commit()
79          app.logger.info(f"UPDATE user SET name =
             '{name}', age = {age} WHERE id = {id}") ……⑧
80          return redirect('/')
81
82  @app.route('/<int:id>/delete', methods=['GET'])
83  def delete(id):
84      con = get_db()
85      sql = f"DELETE FROM user WHERE id = {id}"
86      con.execute(sql)
87      con.commit()
88      app.logger.info(f"DELETE FROM user WHERE id =
                                            {id}") ……⑨
89      return redirect('/')
90
91  if __name__ == '__main__':
92      app.debug = True
93      app.run(host='localhost')
```

主な変更点を順々に見ていきます。

まずログを設定するにはlogging.configからdictConfigをインポートします
（①）。そしてdictConfig関数で、ログ出力に関する設定をします（②）。この関
数では、設定内容は辞書として引数に渡します。dictConfig関数は28行目の

```
app = Flask(__name__)
```

でFlaskアプリケーションオブジェクトを生成する前に実行します。

　ログをファイルに出力するために、キーfilenameに対する値を./logs/app.logにしました（③）。このキーfilenameは、3階層にネストされた辞書データの中にあり、

```
'handlers': {'file': {………'filename': {'./logs/app.log'……
}}}
```

という構造で記述されています。

　ここで/logs/app.logのようにのように、出力先をapp.pyとは異なるフォルダーに指定した場合は、Webアプリを実行する前に該当するフォルダーを作っておく必要があります。ログファイルは自動的に作成されますが、指定したフォルダーがない場合は実行時エラーになります。dictConfig関数の設定に合わせて、エクスプローラーでlogsフォルダーを作っておきましょう。

図7-5
Webアプリのフォルダーにあらかじめlogsフォルダーを作っておく

　続けて、日本語が文字化けしないように

```
'encoding': 'utf-8'
```

を指定します（19行目）。そして、キーrootの値である辞書にキーhandlersに

対する値としてfileを指定します（④）。これでログがファイルに出力されます。Webアプリを停止したり、VS Codeを再起動ししたりしても、Webアプリを再度実行させれば同じファイルにログが追記されていきます。

書き出す項目を指定してapp.loggerで出力する

さて、発行したSQL文をログに記録する処理に進みましょう。ログを出力するにはapp.loggerクラスを使います。app.loggerには出力したいログのレベルに合わせて、次のようなメソッドが用意されています。

```
app.logger.debug('DEBUG')
app.logger.info('INFO')
app.logger.warning('WARNING')
app.logger.error('ERROR')
app.logger.critical('CRITICAL')
```

ここでは一番重要度の小さい情報を記録するときに使うinfo()でコーディングすることにしましょう。実際のWebアプリでは、どういうレベルのログが要求されているのかに応じて実装することになります。

今回のapp.pyでは、⑤で

```
app.logger.info("Select * FROM user ORDER BY id")
```

としてログを出力しています（48行目）。全レコード取得のSELECT文なのでパラメーターはありません。

Webアプリを実行し、クライアントからルートディレクトリ（/）にアクセスすると、次のようなログが残ります。

```
[2024-02-07 15:23:34,976] [INFO] : Select * FROM user ORDER
BY id
```

```
[2024-02-07 15:23:35,008] [INFO] : 127.0.0.1 - - [07/
Feb/2024 15:23:35] "GET / HTTP/1.1" 200 -
```

全レコードを取得して、一覧ページを表示したということがわかりますね。

このメッセージをもしapp.logger.error()で出力したら、次のようなログが出
力されます。

```
[2024-02-07 16:09:02,542] [ERROR] : Select * FROM user
ORDER BY id
```

ERRORと表示されるので、何が起こったのかとものものしい感じになってし
まいますね。

同様に、他の関数でSQL文を発行したときにもログを出力するようにします。
⑥のcreate()関数でINSERT文を発行したところでは

```
f"INSERT INTO user(name, age) values('{name}',{age})"
```

と、出力する内容を記述しました。

実行するsqlも（57行目）、info()でのログの出力も（⑥の60行目）、同じf文
字列でパラメーターである変数を展開できるのでまったく同じ文字列になって
いますね。

それは1レコードを取得するSELECT文でも（⑦）、1レコードを更新する
UPDATE文（⑧）でも、⑨のDELETE文でも同様です。

このようにログ出力を強化した app.py を起動しておくと、Webアプリが利用されるのに応じて、次のようにログがたまっていきます。

```
[2024-02-07 16:39:04,742] [INFO] : SELECT * FROM user WHERE
id = 1
[2024-02-07 16:39:04,759] [INFO] : 127.0.0.1 - - [07/
Feb/2024 16:39:04] "GET /1/update HTTP/1.1" 200 -
[2024-02-07 16:39:08,565] [INFO] : SELECT * FROM user WHERE
id = 1
[2024-02-07 16:39:08,588] [INFO] : UPDATE user SET name =
'竹島 充', age = 24 WHERE id = 1
[2024-02-07 16:39:08,589] [INFO] : 127.0.0.1 - - [07/
Feb/2024 16:39:08] "[32mPOST /1/update HTTP/1.1[0m" 302 -
[2024-02-07 16:39:08,604] [INFO] : Select * FROM user ORDER
BY id
[2024-02-07 16:39:08,613] [INFO] : 127.0.0.1 - - [07/
Feb/2024 16:39:08] "GET / HTTP/1.1" 200 -
[2024-02-07 16:39:09,914] [INFO] : 127.0.0.1 - - [07/
Feb/2024 16:39:09] "GET /create HTTP/1.1" 200 -
[2024-02-07 16:39:12,267] [INFO] : INSERT INTO user(name,
age) values('竹島 充',20)
[2024-02-07 16:39:12,268] [INFO] : 127.0.0.1 - - [07/
Feb/2024 16:39:12] "[32mPOST /create HTTP/1.1[0m" 302 -
[2024-02-07 16:39:12,278] [INFO] : Select * FROM user ORDER
BY id
[2024-02-07 16:39:12,287] [INFO] : 127.0.0.1 - - [07/
Feb/2024 16:39:12] "GET / HTTP/1.1" 200 -
[2024-02-07 16:39:14,543] [INFO] : DELETE FROM user WHERE
```

```
id = 4
[2024-02-07 16:39:14,544] [INFO] : 127.0.0.1 - - [07/
Feb/2024 16:39:14] "[32mGET /4/delete HTTP/1.1[0m" 302 -
[2024-02-07 16:39:14,669] [INFO] : Select * FROM user ORDER
BY id
[2024-02-07 16:39:14,669] [INFO] : 127.0.0.1 - - [07/
Feb/2024 16:39:14] "GET / HTTP/1.1" 200 –
```

　このログファイルを追うと、Webアプリがデータベースに対してSQL文を実行し、クライアントからのリクエストに応じて各ページを返している様子がよくわかります。

　でも、dictConfig()の設定内容が辞書として長々とapp.pyの中にあるのはコードを読みにくくしています。ロジックと設定は分けたいですね。そこでコードを見直します。

　具体的には、app.pyとは別にapp_config.pyという名前のモジュールを作ります。

図7-6
app.pyと同じ階層に
app_config.pyを作る

　このapp_config.pyの中にdictConfig()の設定内容を返す関数dict_Configを作ります。Webアプリを実行するときは、app_configをインポートしてdict_Config()を呼び出すことで設定内容を読み込むようにしようというわけです。

　それを前提に、app_config.pyを次のようにコーディングしてみました。

```
01  def dict_config():
02      return {
03      'version': 1,
04      'formatters': {
05          'file': {
06              'format': '[%(asctime)s] [%(levelname)s] :
                                        %(message)s',
07          }
08      },
09      'handlers': {
10          'file': {
11              'class': 'logging.handlers.
                            TimedRotatingFileHandler',
12              'formatter': 'file',
13              'filename': './logs/app.log',
14              'encoding': 'utf-8'
15          }
16      },
17      'root': {
18          'level': 'WARN',
19          'handlers': ['file']
20      },
21  }
```

　app_config.pyでは、dict_config()という名前で関数を作成しました。この
コードの3行目から20行目までのコードは、コード7-3のapp.pyの8行目から
25行目までとまったく同じです[*1]。

　そして、app.py側ではこの関数を呼び出すように書き換えます。設定に関連

[*1]　app_config.pyでは関数のコードになるためインデントされていますが、インデントの深さ以外は変わりません。

する以外のコードは変わりません。変更のある冒頭の部分だけを見ていただきます。

コード7-5　app_config.pyに対応したapp.py

```
01  from flask import Flask, render_template,request,
                                          redirect, g
02  from flask_bootstrap import Bootstrap
03  import sqlite3
04  from logging.config import dictConfig
05  from app_config import dict_config
06
07  dictConfig(dict_config())
08
09  app = Flask(__name__)
10  bootstrap = Bootstrap(app)
11
12  (以下略)
```

　本書を読んできた皆さんなら、追加したimport文について細かく説明する必要はないかもしれません。

```
from app_config import dict_config
```

として、app_configモジュールから、dict_config関数をインポートします。今のところapp_configモジュールにはdict_config関数しかありませんが、いずれ他にも必要な関数を追加するという想定です。実際の開発では、このように処理が増えることを想定しておくことが求められます。ここではその考え方に沿ってimport文をコーディングしました。

　設定は、

```
dictConfig(dict_config())
```

として呼び出します（7行目）。これでapp.pyのコードがすっきりしました。

新田、荒田　竜崎さん、ありがとうございました。これで自分たちで勉強を続
　　　　　けていけそうな気がします

竜崎　　結局、プログラミング上達の早道はなくてエラーメッセージを見て、意
　　　　味を理解したり、ログを読んだりっていう地道な方法を嫌がらないこ
　　　　とがコツかな。Pythonの場合、特にいろいろなライブラリがあるの
　　　　で、自分がいつもやっている方法にこだわらず、もっと適したものがな
　　　　いか探すことも大事だね。健闘を祈るよ

Pythonのインストール

本書で利用するPythonのインストールについて、手順をまとめておきます。すでにご自分のパソコンにPythonの環境を構築している場合は、わざわざインストールし直す必要はありません。ここではWindows 11にPythonをインストールすることを想定しています。

導入ファイルをダウンロードする

まずPythonのインストール用ファイルをダウンロードします。https://www.python.orgにアクセスし、メニューの「Downloads」にマウスポインターを載せます。

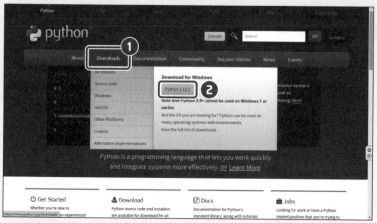

【P1】 https://www.python.orgを開き、「Download」にマウスポインターを載せる（①）と、使っているパソコン用のインストーラーをダウンロードするボタンが表示される（②）

　すると、最新の安定版をダウンロードするボタンが表示されます。ボタンにバージョンが表示されていますが、ダウンロードする時期によりバージョンナンバーは変わります。WindowsパソコンでアクセスすればWindows用のPythonが、MacでアクセスすればMac用のPythonがダウンロードできます。ここではWindows用の3.12.1をダウンロードし、インストールする手順を紹介します。

　ダウンロードしたファイル（本書の執筆時点ではPython-3.12.1.amd64.exe）をダブルクリックするとインストールが始まります。

　インストールの最初の画面ではAdd python.exe to PATHにチェックを入れます。そうするとPath環境変数にpython.exeのインストール先が追加されます。これにより、ターミナルやコマンドプロンプトなどでどのディレクトリを開いているときでも、簡単にPythonを起動できるようになります。

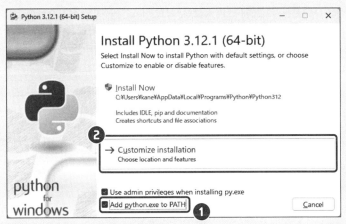

【P2】インストールの最初の画面ではAdd python.exe to PATHにチェックを
入れ（①）、Customize installationをクリックする（②）

　続いて、Install NowではなくCustomize installationを選び、次の画面に進
みます。
　Optional Featuresの画面では、すべてのチェックボックスにチェックが入っ
ていることを確認して、Nextをクリックします。

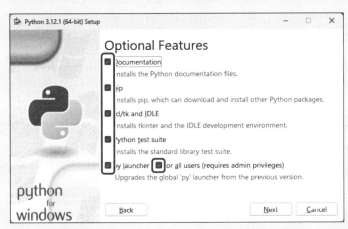

【P3】Optional Featuresでは、すべてのチェックボックスがオンになっている
ことを確認する

Advanced Optionsの画面ではAssociate files……、Createshortcuts ……、Add Python to environment variablesの3項目にチェックが付いていることを確認します。

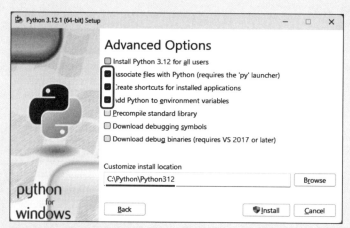

【P4】Advanced Optionsでは、図中の3項目にチェックが入っていることを確認して、(①)、インストール先のディレクトリを変更する(②)

また、Customize install locationの指定を変更します。これは、Pythonをインストールするディレクトリについての設定で、初期設定のままでは深い階層のため、Pythonおよび作成したプログラムを利用する際に支障が出る可能性があります。そこで、もっと単純なディレクトリに変更することをお勧めします。ここではC:\Python\Python312として、標準よりも階層を浅くしました。

画面上のバックスラッシュ「\」は「¥」のことです。変更し終えたら、Installボタンをクリックしてインストールを進めましょう。途中、ユーザーアカウント制御のダイアログが表示されたら、「はい」をクリックして先に進めてください。Setup was successfulと表示されたら、インストールは完了です。

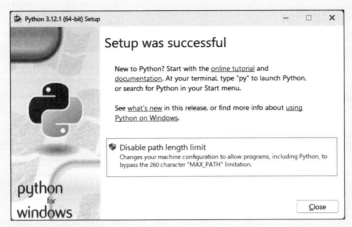

【P5】インストールが完了した

　この画面の下のほうに、Disable path length limitというメッセージが表示されています。このリンクをクリックすると、Windowsに設定されているパスの長さの制限（MAX_PATH）を解除できます。今回はインストール先を単純なパス名に変更したので、パスの長さの制限を変更する必要はありません。Closeボタンをクリックしてインストールを終わりましょう。

APPENDIX **2**

Visual Studio Codeの
インストール

　本書では、サンプルプログラムをVisual Studio Code（VS Code）を利用して制作しています。すでに何らかの開発環境を整えている場合は、その環境のままお使いいただいてかまいません。その際、プログラムを実行する、デバッグするといった場合の操作は、適宜読み替えて実行してください。ここでは、VS CodeをWindows 11にインストールする手順を紹介します。

　VS Codeを導入するには、まずhttps://code.visualstudio.com/からインストール用プログラムをダウンロードします。

【V1】https://code.visualstudio.com/を開くと、使っているパソコン用の推奨バージョンをダウンロードできる

　Python同様にWindowsパソコンでこのサイトを開くと「Download for

Windows」ボタンが表示されます。このボタンをクリックすると、最新の安定版のインストーラーをダウンロードできます。Webサイト側で自動的にユーザー側のOSを判別してくれるので、Macを利用している場合でもダウンロードの操作は変わりません。

ダウンロードしたファイルを実行すると、インストールが始まります。最初に使用許諾契約への同意が求められますので、「同意する」を選んでください。VS Codeのインストールでは、ほとんど設定を変更するところはありません。インストール先の指定やスタートメニューへの登録などの画面が続きますが、いずれも初期設定のままインストールを進めていきましょう。

「追加タスクの選択」画面では「PATHへの追加」にチェックが付いていることを確認します。通常は初期状態でチェックがオンになっているはずです。そのまま「次へ」ボタンをクリックして次の画面に進めます。

【V2】「追加タスクの選択」画面では「PATHへの追加」にチェックが入っていることを確認する

次の画面でインストールボタンをクリックして、インストールを完了させましょう。

セットアップウィザードの完了画面が表示されたら、「Visual Studio Codeを実行する」にチェックが付いている状態で「完了」をクリックします。するとセッ

トアップウィザードが閉じて、VS Codeが起動します。

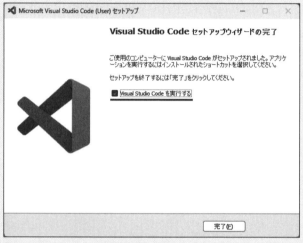

【V3】VS Codeのインストールが完了したところ

Japanese Language Packをインストールする

　VS Codeをインストールしただけでは準備はまだ終わっていません。Pythonでプログラミングするためには、拡張機能（エクステンション）が必要です。まずは、VS Codeを日本語化する拡張機能（Japanese Language Pack for Visual Studio Code）を入れていきましょう。

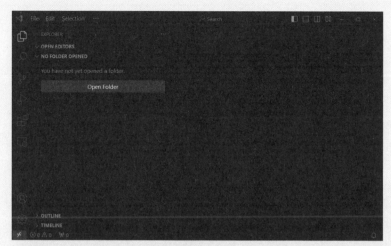

【V4】 VS Codeが起動したところ。英語表記になっている

　インストール直後は、このようにVS Codeはすべて英語です。画面左端に並んでいるメニューの、上から5番目にあるExtensionsアイコンをクリックします。すると拡張機能を検索するためのボックス（Search Extensions in Marketplace）が表示されるので、Japaneseと入力して検索します。

【V5】 拡張機能からJapaneseで検索して一番上に表示されたJapanese Language Pack……をクリックする（①～③）

左側のペインにJapaneseで始まる拡張機能が一覧表示されます。通常、一番上がMicrosoftによるJapanese Language Pack for Visual Studio Codeであるはずです。これが間違いないことを確認して、installをクリックします。

　ただし、インストールしただけでは日本語化されません。VS Codeを再起動する必要があります。インストールが完了すると、画面右下に「Change Language and Restart」ボタンが表示されるので、これをクリックします。

【V6】画面右下に表示された「Change Language and Restart」ボタンをクリックする

　VS Codeが再起動し、日本語化されました。

【V7】再起動すると表示が日本語になる

　ただし、この表示は何かの拍子にまた英語に戻ってしまうときがあります。そんなときは、Configure Display Languageコマンドで表示言語の設定を呼び出し、日本語に設定し直します。それにはショートカットキーとしてCtrl＋Shift＋Pを押してコマンド パレットを表示させ、設定項目の検索ボックスに「config」と入力し、表示されたコマンドのリストからConfigure Display Languageコマンドを選択します。

【V8】コマンドパレットを表示して、Configure Display Languageコマンドを検索する

　設定画面では、選択できる言語（enやja）からjaを選び、VS Codeを再起動

します。

Python extensionをインストールする

　続いて、Python拡張機能（Python Extension for Visual Studio Code）をインストールします。この拡張機能をインストールすると、デバッグサポート機能やPythonコードの実行機能が利用できます。

　拡張機能で「Python」で検索します。

【V9】Pythonで検索して、Microsoftが開発したPython拡張機能を
　　　インストールする（①②）

　検索結果から、開発元としてMicrosoftが表示されているPythonを選び、Python Extension for Visual Studio Codeをインストールします。

VS CodeでPythonのプログラムを作ってみる

　これでVS Codeの準備はできました。ただ、VS Codeはプログラムを保存するフォルダーの扱いで独特の操作があります。それに慣れるため、および動作確認をするために、ここで簡単なプログラムを作ってみましょう。

VS Codeでは、プログラムが動作するときのカレントディレクトリを独自に管理します。これにより、プログラム内で外部ファイルを利用するときの管理が効率的になります。それを踏まえて、Pythonのプログラムを作るときのお薦めの操作があります。

　まずVS Codeでプログラムを作る前に、エクスプローラーなどでプログラムを保存するためのフォルダーを作成しておきます。次にVS Codeでは、「ファイル」メニューから「フォルダーを開く」で、作成したフォルダーを開きます。

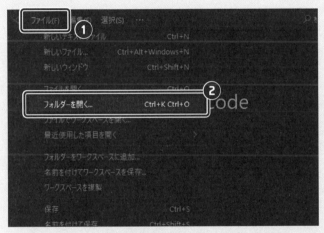

【V10】「ファイル」メニューから「フォルダーを開く」を選ぶ（①②）

　これで、プログラミングの準備ができました。新規にプログラムを作成するには、VS Codeの画面左側にある「エクスプローラー」ペインで操作します。「フォルダーを開く」で指定したフォルダー（次の画面ではPRG01）に表示された新しいファイルのアイコンをクリックして、表示されたテキストボックスにプログラム名をPython拡張子（.py）も含めて入力します。ここではsample_01.pyと入力しました。

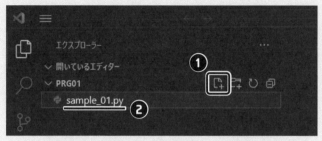

【V11】 フォルダー名の右側に表示されたアイコンから、新しいファイルを作るアイコンをクリックし（①）、ファイル名を入力する（②）

　ファイル名を入力すると、画面右側のエディタペインにコードを入力できるようになります。

【V12】 コードを入力したところ

　この画面で入力したコードはf文字列の新機能を紹介するコードです。その内容の説明は後に回します。

　作成したプログラムを実行するには、「実行」メニューから「デバッグの実行」（ショートカットキーはF5）もしくは「デバッグなしで実行」（同Ctrl＋F5）を選びます。ターミナルに実行結果が出力されます。

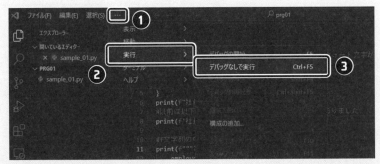

【V13】「実行」メニューから「デバッグの実行」もしくは「デバッグなしで実行」で、入力したプログラムを実行する（①〜③）

　ウィンドウの大きさによっては、この図のように「実行」メニューが隠れていることもあります。また、「デバッグの実行」を選んだ場合はデバッグ構成を聞かれるので、Pythonを選んでください。

f文字列の新機能

　図の【V12】で入力したsample_01.pyを題材に、Python 3.12で利用できるようになった新機能についてご紹介しましょう。

　文字列に変数の値を埋め込むことができるf-string（f文字列）はPythonの便利な機能の一つです。Python 3.12になってその機能はより柔軟に利用できるようになっています。

```
01  cmployce = {
02      "name": "竹島充",
03      "age": 24,
04  }
05
06  print(f"社員: {employee["name"]}")
07  print(f'社員: {employee["name"]}')
08
```

```
09  print(f"""社員の情報: {
10      employee['name'],   # 名前
11      employee['age']   # 年齢
12  }""")
13
14
15  words = ["Hello", "Python!", "Programming", "is ", "fun."]
16  print(f"{'\n'.join(words)}")
```

　このプログラムではまず、f文字列のクォートに使ったクォート文字と同じ
クォート文字を { } 内で使うことができることを試しています。具体的には6
行目で、employeeという辞書を宣言し、そのキーと値を

```
f"社員: {employee["name"]}"
```

として { } 内に名前を展開しています。以前のPythonではその下の行（7行目）
のように

```
f'社員: {employee["name"]}'
```

と、f文字列を示すクォート文字とは区別されるようにシングル、ダブルを使い
分ける必要がありました。

【V14】sample_01.pyを実行したところ。
　　　2番目までの出力を見ると、f文字列
　　　のコードは違っても同じ出力が得ら
　　　れたことがわかる。3番目がプログ
　　　ラムの9〜12行目、4番目以降が16
　　　行目に応じた出力

次に｛　｝内の式にコメントを書いています（9～12行目）。この式は
employee['name']とemployee['age']の二つの値を返すので、出力結果はタプ
ルになります。

　最後の例は、式の中に改行文字（\n）が書けるという例です（16行目）。\nの
joinメソッドでリストの単語を結合した結果、各単語は改行して出力されます。

　このf文字列は一例です。プログラミング言語は常に改良を加えられてバー
ジョンアップしていくものです。このように変更内容を時折チェックすることも
大切です。

Index 索引

著者プロフィル

金宏 和實 (かねひろ かずみ)

1961年生まれ。富山県高岡市出身で在住。関西学院大学文学部仏文科卒。第1種情報処理技術者。株式会社イーザー代表取締役副社長。アプリケーション開発とライター活動、セミナー講師などをしている。

これまで日経BPを通じて『はじめるPython！ ゼロからのゲームプログラミング』、『Excel×Python最速仕事術』、『Excel×Pythonデータ処理自由自在』、『Excel×Python逆引きコードレシピ126』、『ビジネススキルとしてのプログラミングが8日で身につく本』、『Power AutomateとPythonでマスターするExcel高速化』とPythonの入門書およびExcelデータをPythonで処理する本を書いてきました。今回の本には、これらの本を読んでPythonプログラミング世界に足を踏み入れてくださった方々を、さらに上のステージにお連れするための本という意味もあります。ぜひ、本書で"脱初心者"して、思うままにプログラムを作れるようになってください。

本書に関して補足情報が必要になったら、noteで公開していきます。https://note.com/kanehiro_kazumi/ をチェックしてください。

● 本書で紹介しているプログラムおよび操作は、2024年2月現在の環境に基づいています。

● 本書で取り上げたソフトウェアやサービス、Webブラウザなどが本書発行後にアップデートされることにより、動作や表示が変更になる場合があります。あらかじめご了承ください。

● 本書に基づき操作した結果、直接的、間接的な被害が生じた場合でも、日経BP並びに著者はいかなる責任も負いません。ご自身の責任と判断でご利用ください。

● 本書についての最新情報、訂正、重要なお知らせについては、下記Webページを開き、書名もしくはISBNで検索してください。ISBNで検索する際は-（ハイフン）を抜いて入力してください。
https://bookplus.nikkei.com/catalog/

目指せ！稼げる
プログラマー

2024年3月25日　第1版第1刷発行

著　者　金宏 和實
発行者　中川 ヒロミ
編　集　仙石 誠
発　行　株式会社日経BP
発　売　株式会社日経BPマーケティング
　　　　〒105-8308 東京都港区虎ノ門4-3-12

装　丁　阿部早紀子
イラスト　本田佳世
デザイン　株式会社ランタ・デザイン
印刷・製本　図書印刷株式会社